ALLA SCOPERTA DEI RIFUGI DELLE DOLOMITI

VOLUME III

Un libro scritto e curato da:

Luca Mattiello

D1719318

Prima edizione: novembre 2022

Cartografia: © OpenTopoMap

www.opentopomap.org

Crediti fotografici: Tutte le fotografie degli itinerari sono di Luca Mattiello

Foto di copertina: Rifugio Pian di Cengia

Progetto grafico e impaginazione: a cura di Luca Mattiello

www.volpidelvajolet.it

ISBN: 9798362321130

Introduzione

Dopo tre anni dall'uscita del primo volume sono davvero contento di aver ultimato anche il terzo volume, portando 30 nuove escursioni da intraprendere nelle Dolomiti. Con questa e le altre guide, l'escursionista ha a disposizione ben 90 itinerari nelle Dolomiti, sbizzarrendosi in tutte le aree tra Venete e Trentino-Alto Adige. "Alla scoperta dei rifugi delle Dolomiti" è una guida pensata a far scoprire le principali escursioni, sia facili che più impegnative da fare in questo patrimonio UNSESCO. Permette a chiunque, con un minimo allenamento, di poterle fare. Una grande novità di questa guida è l'introduzione di un QR CODE che, se inquadrato con la fotocamera dello smart phone, permette di scaricare la traccia GPX dell'itinerario. Caricata nei vari dispositivi di tracciamento o nelle varie APP di escursionismo, permette di seguire l'itinerario, evitando un possibile errore ed impedendo di perdersi, anche in quei sentieri dove pecca la segnaletica. Quest'anno sono anche 10 anni che frequento la montagna in modo continuativo. Una vera passione che non smette di ardere. Anzi, sono molto felice di fare quest'attività all'aria aperta che fa bene a corpo e mente. Spero che con le mie documentazioni di aver contagiato molte persone a praticare questo sport e di continuare a portarvi sempre nuovi percorsi. Che siano percorsi difficili o una semplice passeggiata, l'importante è vivere di bei momenti in questi luoghi incredibili che abbiamo a due passi da casa.

Luca

Legenda della Cartografia

Percorso ROSSO: traccia principale.

Percorso di altri colori: varianti.

Quadrato: partenza.

Indice itinerari

Tabella riassuntiva

Nr.	Itinerario	Difficoltà	Tempi	Dislivello
1	Rifugio Tre Scarperi	★★☆☆☆	3,5 h	400 mt
2	Malga Nemes	★★☆☆☆	2,5 h	450 mt
3	Rifugio Vallandro	★☆☆☆☆	3,5 h	350 mt
4	Monte Elmo	★★★☆☆	3,5 h	500 mt
5	Anello dei tre rifugi, Val Fiscalina	★★★★★	7 h	1200 mt
6	Rifugio Pralongià	★☆☆☆☆	3 h	315 mt
7	Rifugio Santa Croce	★★★☆☆	4 h	760 mt
8	Rifugio Lavarella	★★★★☆	5 h	700 mt
9	Rifugio Biella, Sennes, Fodara Vedla	★★★★★	6 h	1000 mt
10	Roda de Putia	★★★★☆	5 h	600 mt
11	Malga Gran Fanes	★★★☆☆	4,5 h	600 mt
12	Anello del Settsass	★★★★☆	4,5 h	600 D+
13	Malga Brogles, rifugio delle Odle	★★★★☆	5 h	800 mt
14	Rifugio Genova	★★★★☆	4,5 h	800 mt
15	Giro delle malghe di San Martino	★★☆☆☆	4 h	170 mt
16	Lago di Calaita da San Martino	★★★☆☆	5 h	600 mt
17	Crode Rosse, malga Pala	★★★☆☆	4,5 h	800 mt
18	Anello della Pala di San Martino	★★★★★	6 h	400 mt
19	Malga Fossetta	★★★☆☆	3 h	550 mt
20	Rifugio Laresei	★★☆☆☆	3,5 h	450 mt
21	Baita Col Mont, rifugio Cacciatore	★★★★☆	3,5 h	750 mt
22	Orrido delle Comelle	★★★★☆	3,5 h	700 mt
23	Rifugio Bianchet	★★★☆☆	4 h	850 mt
24	Capanna degli Alpini	★☆☆☆☆	3 h	400 mt
25	Rifugio Galassi e San Marco	★★★★★	6 h	1100 mt
26	Col dei Bos, rifugio Lagazuoi	★★★★★	5 h	800 mt
27	Rifugio Fonda Savio	★★☆☆☆	3 h	500 mt
28	Rifugio Berti	★★★☆☆	4,5 h	700 mt
29	Rifugio Semenza	★★★★★	5,5 h	1000 mt
30	Rifugio Caldenave	★★★★☆	5 h	850 mt

Informazioni utili

Abbigliamento e attrezzatura

Una delle cose fondamentali quando si va in montagna è l'abbigliamento e l'attrezzatura adeguata, scelta in base al periodo e all'escursione che si vuole affrontare. Il tempo in montagna cambia rapidamente, una nuvola nera che si avvicina velocemente o se inizia a piovere, la temperatura può scendere in poco tempo di diversi gradi. Per questo è buona cosa tenere nello zaino degli indumenti pesanti e un k-way o mantellina per ripararsi dalla pioggia in caso di maltempo improvviso.

Anche le calzature occupano un ruolo importante. Se per sentieri turistici vanno bene scarponcini bassi, per sentieri più impegnativi, da montagna, sono utili gli scarponi alti, che proteggono da possibili slogature nel caso in cui venga messo male il piede. Inoltre, scarponi con una buona mescola della suola garantiscono un ottimo grip nel terreno. Anche un paio di bastoncini da trekking aiutano sia la progressione in salita che in discesa.

Ricordarsi sempre di portarsi dietro acqua e cibo in base all'itinerario scelto, perché spesso lungo il tragitto non se ne trova.

Infine, se si decide di percorrere itinerari in inverno con la neve bisogna affrontarli nella maniera corretta. Cioè con abbigliamento pesante, ramponcini o ramponi se il sentiero è ben battuto o ciaspole per neve fresca. In inverno, prima di avventurarsi è buona cosa informarsi sulla situazione neve e meteo.

Come ultima cosa, prima di intraprendere un'escursione è meglio adoperare delle creme solari, in quanto in altitudine alta, il sole è molto più forte.

10 punti da seguire per un'escursione

1) prepara la tua escursione prima di partire;
2) Scegli un percorso adatto alle tue caratteristiche e alla tua preparazione atletica;
3) Scegli un equipaggiamento e della attrezzatura idonea;
4) Consulta il bollettino nivometeorologico prima di partire;
5) Parti in compagnia, da soli è più rischioso;
6) Lascia informazioni sull'itinerario che hai intenzione di percorrere e sull'orario indicativo di rientro;
7) Non esitare ad affidarti ad un professionista;
8) Fai sempre attenzione alla segnaletica che trovi lungo il sentiero;
9) Non esitare di tornare indietro in caso di imprevisto;
10) In caso di incidente chiamate subito il 118;

Note per le escursioni:

- i tempi sono calcolati sia per l'andata che per il ritorno, o per fare l'anello.
- Le difficoltà e i tempi calcolati sono relativi e possono variare da   persona a persona in base alla propria esperienza e allenamento.
- L'alpinismo e l'escursionismo sono attività potenzialmente pericolose se non praticate con la dovuta preparazione ed esperienza, qualora non si abbia la necessaria esperienza o preparazione, è necessario avvalersi di Guide Alpine.
- Le relazioni delle escursioni non possono essere considerate inconfutabilmente attendibili. Tutte le notizie, indicazioni, vanno valutate e verificate sul posto di volta in volta.
- Si declina ogni responsabilità per qualsivoglia inconveniente, incidente, perdita o danno risultanti dalle informazioni contenute nelle presenti relazioni.

Le tracce GPX

- Le tracce gpx non possono ritenersi inconfutabilmente esatte in quanto i sentieri, negli anni, possono subire variazioni o, durante la tracciatura, possono esserci stati degli errori di rilevamento; pertanto, si considera di seguirle come indicazioni di direzione e, durante il tragitto seguire sempre i cartelli e segnavia.
- Ad ogni escursione è presente un QR CODE dove poter scaricare ogni singola traccia dell'escursione desiderata. Qui sotto, inoltre, è possibile scaricare contemporaneamente tutte le tracce.
- In caso di problemi con il download è possibile richiederle via mail al seguente indirizzo: volpidelvajolet@gmail.com

TUTTE LE TRACCE:

1) Rifugio Tre Scarperi Val Campo di Dentro

Dal parcheggio della val Campo di Dentro, tra Sesto e San Candido, si raggiunge il rifugio Tre Scarperi situato in una splendida piana a 1600 mt. Facile escursione in val Pusteria.

Il rifugio Tre Scarperi.

SCHEDA TECNICA:

Partenza: **Parcheggio val Campo di Dentro 1300 mt** Tipologia: **andata / ritorno** Dislivello: **400 D+** Lunghezza: **11.5 km** Quota massima: **Rifugio Tre Scarperi 1626 mt** Tempi: **2 ore per la salita, 1.5 ore scarse per la discesa** Segnaletica: **ottima** Difficoltà: **facile** Punti d'appoggio: **Rifugio Tre Scarperi 1626 mt** Cime percorse: **nessuna** Segnavia: **8 - 105** Gruppo: **Dolomiti di Sesto** Cartografia: **Tabacco 1:25.000, foglio 10, Dolomiti di Sesto** Periodo consigliato: **Estate** Adatto ai cani: **si** Presenza d'acqua: **Fontanella al rifugio**

INTRODUZIONE:

Una facile camminata da fare in Alta Pusteria, tra Sesto e San Candido, è raggiungere il rifugio Tre Scarperi dalla val Campo di Dentro. L'escursione è facile, il dislivello positivo è di soli 400 metri. La lunghezza, tra andata e ritorno, è di 11.5 km. È inoltre possibile ridurre ulteriormente lunghezza e dislivello prendendo la navetta che porta a soli 20 minuti di cammino dal rifugio. Quest'ultima, parte dal parcheggio della val Campo di dentro ed è comoda se si vogliono fare le varianti. Il sentiero che porta al rifugio Tre Scarperi è formato principalmente da strade sterrate forestali, quindi prive di pericoli e adatte a tutti. La parte più interessante dell'itinerario proposto è sicuramente la finale, quando si arriva nei pressi del rifugio. Da qui, usciti dal bosco, si apre la splendida vallata glaciale circondata dai Baranci, a destra, e dal gruppo Tre Scarperi, a sinistra. Qui si può notare Punta Tre Scarperi a 3145 mt e, di fronte, il monte Mattina. In questa splendida vallata, dov'è si-

tuato anche il rifugio Tre Scarperi, sono presenti verdi prati dov'è possibile trovare qualche mucca al pascolo.

L'ESCURSIONE IN DETTAGLIO:

Il parcheggio della Val Campo di Dentro, punto di partenza di quest'escursione, si trova lungo la strada che da San Candido porta a Sesto. Lasciata l'auto a 1250 mt si intravedono subito i cartelli che indicano Rifugio Tre Scarperi, segnavia numero 8. Il sentiero è una strada forestale ed inizia a salire in mezzo al bosco per una prima mezz'oretta di cammino. Successivamente la strada inizia a farsi in piano e poi scende leggermente di quota. Da qui il sentiero interseca varie volte la strada asfaltata che utilizzano le navette, fino a quando inizia una nuova salita. Dopo circa un'ora e mezza di camminata si raggiunge il parcheggio Antoniusstein, punto d'arrivo delle navette. Si continua a salire lungo il sentiero, sempre ben indicato, fino a quando il panorama si apre in una

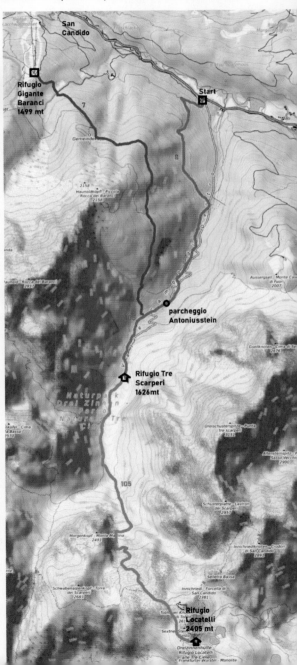

splendida conca verde. Qui si trova il rifugio Tre Scarperi. Dopo 2 ore dalla partenza si giunge al rifugio Tre Scarperi a 1626 mt. Per il ritorno si può scendere per la stessa strada effettuata all'andata o fare la strada asfaltata dal momento che è chiusa al traffico, tranne che per le navette.

Prime indicazioni.

VARIANTI:

Variante blu: è possibile raggiungere il rifugio Tre Scarperi anche partendo dall'arrivo della seggiovia che parte da San Candido e sale al rifugio Gigante Baranci.

Variante azzurra: Dal rifugio Tre Scarperi si può proseguire per il sentiero 105 arrivando al rifugio Locatelli alle Tre Cime di Lavaredo. Bisogna aggiungere 2.5 ore di cammino e 800 mt di dislivello.

TIMBRI DEI RIFUGI E TRACCIA GPX

RIFUGIO TRE SCARPERI

TRACCIA GPX

La forestale che porta al rifugio.

2) Malga Nemes
Malga Coltrondo

Percorso ad anello che parte da Passo Monte Croce Comelico e, attraverso strade forsestali, porta a Malga Nemes e a malga Coltrondo. Itinerario facile, adatto anche a famiglie con bambini.

Malga Nemes.

SCHEDA TECNICA:

Partenza: **Passo Monte Croce Comelico 1636 mt** Tipologia: **anello** Dislivello: **450 D+** Lunghezza: **10.5 km** Quota massima: **Malga Nemes 1950 mt** Tempi: **2.5 ore per l'anello senza le pause** Segnaletica: **buona** Difficoltà: **Facile** Punti d'appoggio: **Malga Nemes, Malga Coltrondo** Cime percorse: **nessuna** Segnavia: **131 – 156 – 149** Gruppo: **Dolomiti di Sesto** Cartografia: **Tabacco 1:25.000, foglio 10, Dolomiti di Sesto** Periodo consigliato: **Estate** Adatto ai cani: **si** Presenza d'acqua: **no, se non nei vari ruscelli lungo il percorso**

INTRODUZIONE:

Un bel itinerario tra l'Alta Pusteria e il Comelico è raggiungere Malga Nemes e malga Coltrondo da passo Monte Croce Comelico. L'escursione è semplice ed è perfetta per le famiglie o per godersi una giornata in tranquillità, nei freschi prati d'alta quota. Il dislivello totale è di 450 mt per una lunghezza di 10.5 km. Il sentiero si sviluppa principalmente lungo strade forestali, tranne per il tratto che collega malga Nemes a Malga Coltrondo che è classico sentiero di montagna. Oltre a godere di una splendida cornice tra verdi pascoli a Malga Nemes, è possibile ammirare tutto il gruppo delle Dolomiti di Sesto,

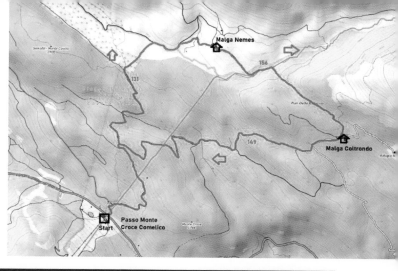

in particolare si ha di fronte la Croda Rossa di Sesto. Infine, da Malga Coltrondo è possibile ammirare un bel panorama su Padola, il Comelico e sulla vetta del Col Quaternà.

L'ESCURSIONE IN DETTAGLIO:

Raggiunto il passo monte Croce Comelico, valico alpino che divide il Comelico, in Veneto, dall'Alta Pusteria, in Alto Adige, si lascia l'auto in uno dei parcheggi a 1636 mt. Dal passo si notato subito verso nord le indicazioni per malga Nemes, segnavia 131. Da qui, si inizia a salire lungo una strada forestale sterrata, molto ampia, dalle pendenze lieve che si sviluppa in mezzo a un bosco di abeti. Si continua a salire fino a giungere a un bivio. A destra conduce a malga Coltrondo mentre a sinistra a malga Nemes. Si continua a sinistra, verso malga Nemes. Si continua lungo strade forestali e alcuni tavolami per superare alcuni punti paludosi fino a giungere nei pressi della malga. Ora manca l'ultimo strappo in salita e, dopo un'ora di cammino dalla partenza, la si raggiunge a 1950 mt. Da Malga Nemes si prende il sentiero 156 che procede verso sud est, in falso piano. Dopo un breve tratto lungo i verdi prati, il sentiero scende di quota,

Malga Coltrondo.

Le Dolomiti di Sesto lungo il sentiero.

inoltrandosi nel bosco. Un altro breve tratto e si giunge anche a malga Coltrondo a 1879 mt. Da qui si seguono le indicazioni per il passo Monte Croce Comelico. Ci si abbassa ulteriormente di quota procedendo lungo strade forestali, per poi procedere per un ulteriore salita che riporta al bivio iniziale che indicava le due malghe. Da qui si ritorna al passo per la stessa strada effettuata all'andata.

TIMBRI DEI RIFUGI E TRACCIA GPX

MALGA NEMES

MALGA COLTRONDO

TRACCIA GPX

Ruscello lungo il sentiero.

3) Rifugio Vallandro Monte Specie

Da Prato Piazza, per comoda carrareccia si raggiunge il rifugio Vallandro. Da qui inizia il facile sentiero che porta in cima al monte Specie. Si rientra per malga Prato Piazza.

Il rifugio Vallandro.

SCHEDA TECNICA:

Partenza: **Prato Piazza 2000 mt** Tipologia: **anello** Dislivello: **350 D+** Lunghezza: **10 km** Quota massima: **Monte Specie 2307 mt** Tempi: **3.5 ore senza le pause** Segnaletica: **ottima** Difficoltà: **Facile** Punti d'appoggio: **Rifugio Prato Piazza 2000 mt, rifugio Vallandro 2040 mt, Malga Prato Piazza 2048 mt** Cime percorse: **Monte Specie 2307 mt** Segnavia: **37 – 34 – 40A** Gruppo: **Dolomiti di Braies** Cartografia: **Tabacco 1:25.000, foglio 10, Dolomiti di Sesto** Periodo consigliato: **Estate** Adatto ai cani: **si** Presenza d'acqua: **no**

INTRODUZIONE:

Uno degl'itinerari più famosi e conosciuti da fare all'interno del parco Fanes – Sennes – Braies è raggiungere la cima del Monte Specie da Prato Piazza. Seppur essere un punto particolarmente panoramico, il monte Specie è facile da raggiungere. Con un dislivello di soli 350 mt e una lunghezza di 10 km, tra andata e ritorno, è un itinerario adatto a tutti. Si passa inoltre per il rifugio Vallandro e per il Forte Vallandro, o forte Prato Piazza, situato di fianco al rifugio. Il forte Prato Piazza fu un avamposto edificato dagli austriaci nella

fine dell'800. Lo scopo era di controllare il territorio di confine. Durante la Prima Guerra Mondiale fu bombardato diverse volte dagli italiani, che erano posizionati sul Cristallo, di fronte al forte. Giunti a Prato Piazza, l'ambiente circostante è davvero ammirevole. Fin da subito si ha una vista stratosferica sulla Croda Rossa d'Ampezzo, circondata dai verdi prati tenuti a regola d'arte di Prato Piazza. Dalla cima del monte Specie, oltre alla vista sul Picco di Vallandro, il Cristallo, e le varie Dolomiti di Braies, come la Croda del Becco, si notano abbastanza vistosamente le Tre Cime di Lavaredo.

L'ESCURSIONE IN DETTAGLIO:

Per raggiungere Prato Piazza bisogna tenere conto di alcuni accorgimenti. La strada che porta direttamente a Prato Piazza è a pedaggio, il costo varia di anno in anno. Ha un orario d'accesso e, dalle ore 9.30 alle ore 16.00, è chiusa al traffico. Se si arriva prima delle 9.30 non è detto che si riesca a passare, in quanto l'accesso è consentito solo ad un certo numero di macchine. Nel sito ufficiale si può comunque prenotare il passaggio per evitare di rimanere fuori. Se comunque non si riesce ad arrivare in tempo o a passare si può parcheggiare nel parcheggio a pagamento della località Ponticello (situato subito prima dell'ingresso della strada a pedaggio) e poi prendere la navetta che porta a Prato Piazza. Fatto conto di questi accorgimenti la strada per Prato Piazza si può raggiungere seguendo le indicazioni per Braies dalla strada che collega Dobbiaco a Brunico. Riusciti a salire e a parcheggiare si raggiunge subito Prato Piazza a 2000 mt. Dal rifugio Prato Piazza si continua lungo una larga e pianeggiante stradina sterrata che porta al rifugio Vallandro. Dal rifugio

La Croda Rossa d'Ampezzo.

16

Le Tre Cime di Lavaredo.

Vallandro sono presenti due sentieri che portano al monte Specie. Uno, leggermente più diretto e ripido, che è un classico sentiero di montagna, mentre il secondo è una stradina sterrata che sale più dolcemente in quota fino a raggiungere proprio la cima del monte Specie a 1.5/2 h dalla partenza. Raggiunta la Croce di Vetta del monte Specie, a 2307 mt, si torna indietro per la stradina sterrata, fino a giungere a una deviazione che indica Malga Prato Piazza. Si prende quest'ultima e in poco tempo si raggiunge anche malga Prato Piazza lungo il sentiero alto. (si può notare sotto il sentiero di salita). Dalla malga si continua lungo il sentiero, subito dietro,fino a scendere nuovamente a Prato Piazza, chiudendo l'anello.

VARIANTI:

Variante blu: Se si cerca un itinerario più impegnativo, dal rifugio Vallandro parte il sentiero per il Picco di Vallandro. A differenza del monte Specie, l'escursione al Picco di Vallandro è più impegnativa e più esposta. La variante comporta 800 mt di dislivello da fare in due ore abbondanti.

TIMBRI DEI RIFUGI E TRACCIA GPX

RIFUGIO PRATO PIAZZA

RIFUGIO VALLANDRO

MALGA PRATO PIAZZA

TRACCIA GPX

4) Rifugio Sillianer Monte Elmo

Escursione ad anello alla cima del monte Elmo e al rifugio austriaco Sillianer. Splendide vedute su tutto il gruppo delle Dolomiti di Sesto.

Il rifugio Sillianer.

SCHEDA TECNICA:

Partenza: **Stazione a monte, monte Elmo 2041 mt** Tipologia: **anello** Dislivello: **500 D+** Lunghezza: **9 km** Quota massima: **Rifugio Sillianer Hutte 2447 mt** Tempi: **3.5 ore senza le pause** Segnaletica: **buona** Difficoltà: **medio-facile** Punti d'appoggio: **Rifugio Gallo Cedrone 2200 mt, Sillianer Hutte 2447 mt** Cime percorse: **Monte Elmo 2434 mt** Segnavia: **20 – 4 – 3** Gruppo: **Dolomiti di Sesto** Cartografia: **Tabacco 1:25.000, foglio 10, Dolomiti di Sesto** Periodo consigliato: **Estate** Adatto ai cani: **si** Presenza d'acqua: **al punto di partenza**

INTRODUZIONE:

Gli ingredienti principali di quest'itinerario sono: uno dei migliori panorami su tutto il gruppo delle Dolomiti di Sesto e un bel rifugio austriaco. L'escursione è medio-facile, la lunghezza totale è di 9 km per 500 mt di dislivello positivo. Nonostante ciò, sono presenti dei punti abbastanza ripidi, specie nel tratto finale che sale al monte Elmo. Come anticipato prima, il panorama che si nota dai verdi pendii del monte Elmo è davvero superlativo. Verso sud si può osservare tutto il gruppo delle Dolomiti di Sesto. Da sinistra a destra si vedono, la Croda Rossa di Sesto, cima Undici, La Croda dei Toni o cima Dodici con il rifugio Comici, Cima Una, dove dietro si trova il rifugio Pian di Cengia, il Paterno e le Tre Cime di Lavaredo, e infine tutto il gruppo dei Tre Scarperi. Al di sotto si può ammirare tutta la Val Fiscalina e l'Alta Pusteria con i Paesi di Sesto e Moso. Sempre dalla cima del Monte Elmo si vede il paese di San Candido e, verso Nord, si ha uno sguardo verso l'Austria. Il monte Elmo è, ed è stato, territorio di confine. Nella sua sommità, infatti, è presente sia un ex rifugio che diversi baraccamenti mi-

La Croda dei Toni, con il rifugio Comici.

litari che fungevano da controllo nelle vallate sottostanti. Se infatti il monte Elmo è sotto il territorio italiano, il rifugio Sillianer Hutte, poco distante in linea d'aria, è sotto territorio austriaco. Il confine tra i due stati, Italia e Austria, si può notare sia dai vari cippi in pietra, che facevano da confine in

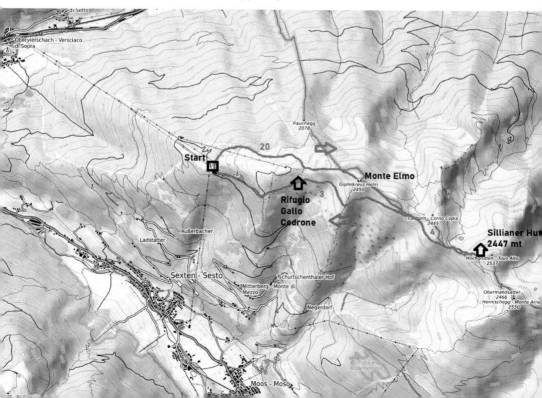

Vista sull'Alta Pusteria e sulle Dolomiti di Sesto.

epoca passata, sia dai vari cartelli lungo il sentiero. Se in Italia siamo abituati ai vari cartelli del CAI biancorossi, in Austria sono presenti cartelli dallo sfondo giallo. Infine, all'arrivo delle Funivie del monte Elmo sono presenti vari percorsi e giochi per i bambini, luogo perfetto da passare con la famiglia.

L'ESCURSIONE IN DETTAGLIO:

Raggiunto l'abitato di Sesto, in Alta Pusteria, si lascia l'auto al parcheggio delle cabinovie del monte Elmo e le si prendono, arrivando già in quota a 2040 mt. In alternativa è possibile prendere anche la cabinovia a Versiaco, vicino San Candido, che porta comunque nello stesso punto. Dall'arrivo delle cabinovie si seguono le indicazioni per il monte Elmo che procedono verso nord, segnavia 20. Da qui si circumnaviga il monte Hasenkopfl camminando tra vari cespugli fino a guadagnare quota a una forcella a 2369 mt. La cima del monte Elmo è sempre ben visibile e riconoscibile dal fatto che nella sua sommità è presente un ex rifugio-cascina abbandonata. Dalla forcella si procede verso est, raggiungendo rapidamente e ripidamente il monte Elmo a 2434 mt. Un'ora e un quarto dalla partenza. Dalla cima del monte Elmo si

Il monte Elmo.

scende dalla parte opposta della salita e in lontananza si nota il rifugio Sillianer. Dopo aver perso quota e raggiunto il confine tra Italia e Austria, si giunge a un crocevia di sentieri. Da qui, si procede per il sentiero 4 che in poco tempo e con un'altra ripida salita, porta al rifugio Sillianer Hutte, a 2447 mt. Due ore dalla partenza. Dal rifugio

Sillianer si torna indietro al crocevia di sentiero e, invece di risalire al monte Elmo, si continua lungo il sentiero che costeggia i suoi verdi pendii rivolti verso Sesto, segnavia 3. Dopo esser passati anche dal rifugio Gallo Cedrone, a 2200 mt, si rientra a valle utilizzando sempre le cabinovie dell'andata finendo così l'escursione.

TIMBRI DEI RIFUGI E TRACCIA GPX

RIFUGIO SILLIANER   RIFUGIO GALLO CEDRONE

TRACCIA GPX

Classica segnaletica
Austriaca.
Sopra il rifugio Gallo Cedrone.

5) Anello dei rifugi della val Fiscalina

Percorso lungo ed impegnativo che porta nel cuore delle Dolomiti di Sesto. Dalla val Fiscalina si sale ai rifugi Comici, Pian di Cengia e Locatelli compiendo un'escursione ad anello di 18.5 km.

Il rifugio Locatelli.

SCHEDA TECNICA:

Partenza: **Parcheggio val Fiscalina 1454 mt** Tipologia: **anello** Dislivello: **1200 D+** Lunghezza: **18.5 km** Quota massima: **Forcella Pian di Cengia 2602 mt** Tempi: **6/7 ore senza le pause** Segnaletica: **ottima** Difficoltà: **Difficile per la lunghezza e il dislivello** Punti d'appoggio: **Rifugio Fondovalle 1548 mt, rifugio Zsigmondy Comici 2224 mt, rifugio Pian di Cengia 2528 mt, rifugio Locatelli 2405 mt** Cime percorse: **nessuna** Segnavia: **103 – 102 – 101** Gruppo: **Dolomiti di Sesto** Cartografia: **Tabacco 1:25.000, foglio 10, Dolomiti di Sesto** Periodo consigliato: **Estate** Adatto ai cani: **si, se abituati a camminate lunghe** Presenza d'acqua: **no**

INTRODUZIONE:

Uno degli itinerari più belli, se non il più bello, da fare in Alta Pusteria è l'anello dei 3 rifugi della Val Fiscalina, cioè il rifugio Zsigmondy Comici, il rifugio Pian di Cengia e il rifugio Locatelli alle Tre Cime di Lavaredo, nel cuore delle Dolomiti di Sesto.

L'escursione ai rifugi Pian di Cengia, Locatelli e Comici è sicuramente un itinerario impegnativo, principalmente per via della lunghezza e del dislivello. Si percorrono infatti 18.5 km con uno sviluppo di 1200 mt di dislivello positivo. Passaggi difficili e molto esposti non ce ne sono, tanto che quest'escursione può essere fatta anche dai cani se allenati o abituati a percorsi lunghi e con molto dislivello. Per fare l'intero anello servono 6.5 h di cammino senza considerare le varie pause e soste ai rifugi. Il punto forte di questa escursione ad anello rimane il panorama e l'ambiente che circonda. Fin da subito, dalla partenza, si è circondati dalle splendide Dolomiti di Sesto, e man mano che si sale, oltre che camminare in ambiente dolomitico, appaiono altre infinite cime e guglie. Dal rifugio Fondovalle (a inizio escursione) si ha l'anfiteatro dolomitico composto dalla meridiana di Sesto, e cioè, da sinistra, Croda Rossa di Sesto e cima Undici. Subito di fronte è presente cima Una, dove dietro sta il rifugio Pian

Il rifugio Zsigmondy Comici.

23

La val Fiscalina.

di Cengia. Tra cima Undici e cima Una, più in lontananza, si vede cima Dodici, meglio conosciuta come Croda dei Toni. Sulla destra invece è presente il gruppo dei Tre Scarperi. Dal rifugio Zsigmondy Comici si è praticamente ai piedi della Croda dei Toni e una volta superato il rifugio Pian di Cengia si costeggiano le Crode dei Piani e il monte Paterno fino a giungere al rifugio Locatelli, che ha la miglior vista sulle Tre Cime di Lavaredo. Per quest'itinerario ad anello conviene percorrerlo in senso orario o antiorario? Il senso del percorso è abbastanza indifferente, è consigliabile, comunque, percorrerlo in senso orario, principalmente per due motivi. Il primo è perché il punto centrale dell'escursione è sicuramente il rifugio Pian di Cengia, e lo si raggiunge in 3.5 ore passando per il rifugio Comici mentre in 4 ore se si passa dal rifugio Locatelli. Quindi la salita in senso orario è più corta e leggermente più ripida e costante. Il secondo motivo è che salendo prima al rifugio Comici, specie se si parte al mattino presto, si ha la maggior parte del percorso in ombra, il sole è infatti nascosto da cima Undici, mentre salendo al rifugio Locatelli si sale in mezzo ai pini mughi e al sole rendendo la salita molto calda. A fronte di ciò, comunque, in entrambi i sensi quest'escursione è meravigliosa. Va detto infine che la linea Locatelli, Pian di Cengia e Comici era una linea del fronte durante la Prima Guerra Mondiale. Un fatto curioso che dimostra l'impressionante arditezza dei soldati italiani durante il conflitto fu che riuscirono a scalare la cima di mezzo delle Tre Cime di Lavaredo, (senza le attrezzature moderne e assicurazioni) portando un cannoncino e un faro, anche abbastanza grande, per illuminare la zona del rifugio Locatelli dov'erano ubicati gli austriaci.

L'ESCURSIONE IN DETTAGLIO:

Per quest'escursione bisogna arrivare in val Fiscalina, raggiungibile da Moso, frazione di Sesto in Alta Pusteria. Giunti al rifugio Piano Fiscalino si può parcheggiare al parcheggio a pagamento a 1454 mt. Da qui si procede in falsopiano lungo una strada molto larga, prima asfaltata e poi sterrata, che porta al rifugio Fondovalle a 1548 mt, in mezz'ora scarsa. Dal rifugio Fondovalle si seguono le indicazioni per il rifugio Comici, segnavia 103. Ora il sentiero si fa più stretto e inizia a salire ripidamente. Man mano che si sale il bosco si dirada e dopo 2.5 ore e 800 D+ dalla partenza si giunge al rifugio Zsigmondy Comici a 2224 mt, passando anche per qualche punto leggermente esposto. Dal rifugio Comici si continua per il sentiero 101, seguendo le indicazioni per il rifugio Pian di Cengia. Ora

Il rifugio Pian di Cengia.

il sentiero sale meno rapidamente tra le guglie vertiginose delle Dolomiti di Sesto fino a giungere al passo Fiscalino, a 2519 mt. Ormai si è anche giunti al rifugio Pian di Cengia e, dopo 3.5 ore dalla partenza, lo si raggiunge a 2528 mt. Dopo una pausa al rifugio, si continua per il sentiero 101, seguendo le indicazioni per il rifugio Locatelli. Si sale ancora di poco, giungendo alla Forcella Pian di Cengia a 2602 mt, punto più alto dell'escursione. Da qui si scende abbastanza ripidamente per poi risalire al rifugio Locatelli, a 2405 mt, costeggiando la Croda dei Piani e il monte Paterno. 1 ora dal rifugio Pian di Cengia. Dopo aver ammirato le Tre cime di Lavaredo si scende per il sentiero 102, costeggiando i laghi dei Piani e poi passando tra il gruppo dei Tre Scarperi e le Crode Fiscaline. La discesa, che porta al rifugio Fondovalle in due ore, è abbastanza lunga e costante, passando tra verdi prati e pini mughi che si infittiscono man mano che si perde quota.

Camminando per il sentiero 101.

Infine, dal rifugio Fondovalle si rientra al parcheggio della val Fiscalina lungo la strada principale.

Il rifugio Locatelli con i laghi dei Piani.

TIMBRI DEI RIFUGI E TRACCIA GPX

RIFUGIO FONDOVALLE

RIFUGIO COMICI

RIFUGIO PIAN DI CENGIA

RIFUGIO LOCATELLI

TRACCIA GPX

6) Rifugio Pralongià Corvara in Badia

Una splendida e panoramica escursione tra le Dolomiti dell'Alta Badia. Da Corvara si sale al rifugio Pralongià passando per innumerevoli baite e pascoli d'alta quota.

Il rifugio Pralongià.

SCHEDA TECNICA:

Partenza: **Corvara, stazione a monte Col Alt 2000 mt** Tipologia: **anello** Dislivello: **315 D+ 710 D−** Lunghezza: **10.5 km** Quota massima: **Rifugio Pralongià 2157 mt** Tempi: **3 ore per l'anello senza le pause** Segnaletica: **ottima** Difficoltà: **facile** Punti d'appoggio: **Utia Piz Arlara 2003 mt, Utia i Tabià 2044 mt,** Cime percorse: **Piz Arlara 2000 mt** Segnavia: **23 − 24** Gruppo: **Dolomiti dell'Alta Badia** Cartografia: **Tabacco 1:25.000, foglio 07, Alta Badia, Arabba, Marmolada** Periodo consigliato: **estate, autunno** Adatto ai cani: **si** Presenza d'acqua: **no**

INTRODUZIONE:

Una facile escursione, molto panoramica, da fare a Corvara, in Alta Badia, è raggiungere il rifugio Pralongià, lungo i verdi prati delle Dolomiti dell'Alto Adige. L'itinerario è facile, prendendo le cabinovie "Col Alt" a Corvara, il dislivello positivo è di soli 315 mt e in un'ora e mezza scarsa si raggiunge il rifugio. Il sentiero è una carrareccia sempre bella larga e priva di pericoli, ideale per famiglie con bambini. Volendo è possibile evitare di prendere gli impianti di risalita salendo a piedi. Facendo ciò, l'escursione è più impegnativa e bisogna aggiungere un'ora e mezza di cammino. Il punto forte dell'itinerario è

27

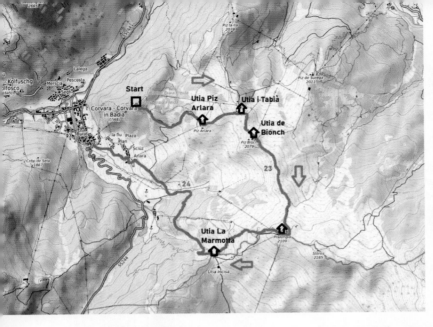

sicuramente il panorama a 360 gradi, scrutando Dolomiti da ogni angolazione. Lungo l'itinerario, infatti, è ben visibile la Marmolada, il Sella con il rifugio Kostner e Pisciadù visibili, il Cir, il Sassongher, tutto il gruppo delle Dolomiti dell'Alta Badia con il monte Cavallo, il Sasso delle Nove e delle Dieci, il Sass de la Crusc, le Conturines e la Lavarella, tutta la zona del passo Falzarego - Valparola con le Tofane, il Lagazuoi, il Sass de Stria e il Settsass, e, infine, si può ammirare anche il Civetta. Inoltre, quest'altopiano è uno dei poli sciistici più importanti dell'Alta Badia, dove sono presenti innumerevoli rifugio e baite dove poter sostare a gustarsi il panorama, tra cui Utia Piz Arlara, Utia de Bioch, Utia i Tabià, Utia la Marmotta e ovviamente il rifugio Pralongià.

L'ESCURSIONE IN DETTAGLIO:

Parcheggiato a Corvara, si raggiunge la cabinovia "Col Alt" e, prendendola, ci si porta a 2000 mt d'altitudine. Qui sono presenti fin da subito le indicazioni per il rifugio Pralongià, con segnavia 23. Dalla stazione a monte Col Alt si scende di quota lungo una stradina sterrata e dopo essere passati per un rado boschetto di larici e abeti si raggiuge il Piz Arlara, riguadagnando quota a 2003 mt. Si continua verso

Le Dolomiti dell'Alta Badia.

Corvara.

est, sempre lungo il sentiero 23, passando per i due rifugio Utia i Tabià e Utia de Bioch. Da quest'ultimo si intravede il rifugio Pralongià, che lo si raggiunge sempre tramite comode stradine sterrate in leggere pendenza, arrivando a toccare il punto più alto dell'escursione a 2157 mt. Dal rifugio Pralongià si prende il sentiero dietro la chiesetta, segnavia 24, che scende per una pista da sci fino al rifugio La Marmotta, a 1950 mt. Si continua sempre lungo il sentiero 24 seguendo le indicazioni per Corvara e, costeggiando i campi da Golf, si giunge alla strada asfaltata a ridosso del paese. Da qui si continua a scendere fino a raggiungere il punto iniziale dell'escursione.

Utia Piz Arlara.

VARIANTI:

Il rifugio Pralongià è possibile raggiungerlo anche da altre località dell'Alta Badia, tra cui la Villa, dove ci sono degl'impianti di risalita che portano al Piz la Ila, o da San Cassiano, dove anche qui sono presenti degl'impianti che portano al Piz Surega. Qui, guardando la cartina, ci si può sbizzarrirsi a creare l'escursione ad anello che si preferisce.

TIMBRI DEI RIFUGI E TRACCIA GPX

RIFUGIO PRALONGIÀ

TRACCIA GPX

7) Rifugio Santa Croce prati dell'Armentara

Un'escursione ad anello che porta ad un antico santuario tra le Dolomiti, passando per verdissimi pascoli e Tabià. Da Badia si sale al rifugio La Crusc, ai piedi del Sass de la Crusc.

Il Santuario di Santa Croce e il rifugio.

SCHEDA TECNICA:

Partenza: Badia, località San Leonardo, 1350 mt Tipologia: anello Dislivello: 760 D+ Lunghezza: 13 km Quota massima: Rifugio Santa Croce "La Crusc" 2045 mt Tempi: 4 ore per l'anello senza le pause Segnaletica: ottima Difficoltà: media Punti d'appoggio: Baita Ruch da André 1855 mt, rifugio La Crusc 2045 mt Cime percorse: nessuna Segnavia: 7A – 15 Gruppo: Dolomiti dell'Alta Badia Cartografia: Tabacco 1:25.000, foglio 07, Alta Badia, Arabba, Marmolada Periodo consigliato: estate, autunno. Adatto ai cani: si Presenza d'acqua: fontanella lungo i prati dell'Armentara

INTRODUZIONE:

Il rifugio "La Crusc" o Santa Croce è uno dei rifugi più famosi e simbolo della Val Badia. Crocevia di innumerevoli sentieri è possibile raggiungerlo da diversi paesi dell'Alta Badia. È possibile arrivare da San Cassiano, da La Villa e da La Val. Ma uno degli itinerari più interessanti dal punto di vista paesaggistico ed escursionistico è raggiungere il rifugio La Crusc da Badia, passando

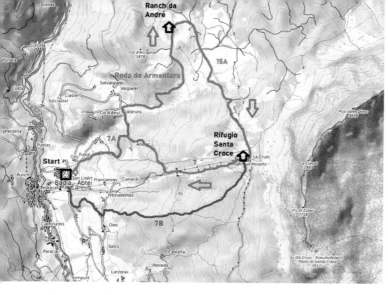

per i prati dell'Armentara. L'escursione è di media difficoltà, la lunghezza totale è di 13 km per un dislivello di 760 mt. Non presenta nessun tipo di esposizione o di pericolo. Il panorama durante il tragitto è magnifico. Partendo da Badia, man mano che si guadagna quota, si aprono stupende vedute su tutta l'Alta Badia, con la cornice del gruppo del Puez. Arrivati poi ai verdi prati dell'Armentara, il paesaggio è idilliaco. Da qui, inoltre, si notano le croci delle più importanti vette dolomitiche dell'Alta Badia, tra cui il Sasso delle Dieci, Il Cavallo e la Lavarella. Infine, il rifugio Santa Croce o La Crusc è ubicato ai piedi del Sass de la Crusc, di fianco al Santuario. La casa risale al 1700 e fungeva da ricovero per i pellegrini che venivano a visitare la piccola chiesetta. Il rifugio La Crusc è raggiungile da Badia anche usando una seggiovia e una cabinovia che arriva direttamente nei pressi del rifugio.

L'ESCURSIONE IN DETTAGLIO:

Raggiunto il paese di Badia si sale in auto per parcheggiare in uno dei parcheggi dopo la stazione a valle "La Crusc", in località San Leonardo, a 1350 mt. Da qui si segue il segnavia 7A, con indicazioni rifugio La Crusc e Armentara. Si sale ora per stradina asfaltata, che man mano che si guadagna quota, diventa sterrata fino a giungere ad un bivio, dove a destra porta direttamente al rifugio La Crusc. Si proceda a sinistra con indicazioni "Roda de Armentara" e da qui la carrareccia si fa di nuovo asfaltata fino a giungere in prossimità di alcuni Tabià restaurati. Qui si svolta decisi a destra seguendo sempre le indicazioni per i prati dell'Armentara. Si continua a salire in maniera costante

Il gruppo del Puez.

lungo stradine sterrate passando per i verdi prati dell'Armentara, tenuti a regola d'arte con tabià restaurati. Si giunge ora in un falsopiano che termina con la Baita "Runch da Andrè" a 1855 mt, situato in una splendida posizione panoramica. Da qui si continua dritti fino a immettersi nel sentiero 15A. Si svolta a destra e, superato un primo tratto pianeggiante, si riinizia a salire costantemente e dolcemente alle pendici delle Dolomiti. Dopo tre ore scarse di cammino si inizia a intravedere il campanile del santuario che sbuca dal bosco e in poco tempo si giunge ai 2045 mt dov'è situato il rifugio La Crusc. Per scendere a Badia ci sono varie possibilità. Prendendo il sentiero 7A che riconduce ripidamente al bivio iniziale per i prati dell'Armentera. Prendendo il 7B che porta a sud di Badia. Oppure è possibile scendere usando gli impianti di risalita evitando così la discesa.

VARIANTI:

Come anticipato sopra il rifugio La Crusc è possibile raggiungerlo dai principali paesi dell'Alta Badia. Da San Cassiano per il sentiero 15, da La Villa per il sentiero 13 e da La Val sempre per il sentiero 15. Inoltre, è possibile salire anche con gli impianti di risalita che partono da Badia. Per i più esperti, invece, il rifugio La Crusc è punto di partenza per le ascese alle vette del Cavallo e del Sasso delle 10.

TIMBRI DEI RIFUGI E TRACCIA GPX

RANCH DA ANDRÉ

RIFUGIO LA CRUSC

TRACCIA GPX

8) Rifugio Lavarella lago Limo

Stupenda escursione all'interno del parco Fanes Sennes Braies che porta a visitare 2 laghi dolomitici e ben 4 rifugi alpini.

Il rifugio Lavarella.

SCHEDA TECNICA:

Partenza: **Rifugio Pederü 1548 mt. San Vigilio di Marebbe** Tipologia: **andata/ritorno (anche se con strada diversa)** Dislivello: **700 D+** Lunghezza: **15.5 km** Quota massima: **Passo Limo 2174 mt** Tempi: **5 ore a + r senza pause** Segnaletica: **ottima** Difficoltà: **media** Punti d'appoggio: **Rifugio Pederü 1548 mt, rifugio Pices Fanes 2013 mt, rifugio Fanes 2060 mt, rifugio Lavarella 2042 mt, rifugio Montagnoles** Cime percorse: **nessuna** Segnavia: **7 – 11** Gruppo: **Dolomiti di Fanes Sennes Braies** Cartografia: **Tabacco 1:25.000, foglio 31, Dolomiti di Braies - Marebbe** Periodo consigliato: **estate, autunno** Adatto ai cani: **si** Presenza d'acqua: **fontanella al rifugio Lavarella**

INTRODUZIONE:

Raggiungere il rifugio Lavarella, Fanes, il lago Verde e il lago Limo è una delle principali escursioni da fare a San Vigilio di Marebbe, tra le Dolomiti del parco Fanes Sennes e Braies. L'escursione è un trekking di media difficoltà. La lunghezza totale di 15.5 km, abbastanza lunga, ma ben distribuita nei 700 metri di dislivello positivo. Non presenta nessun tipo di difficoltà tecniche in quanto si percorrono principalmente ampi sentieri e strade forestali. I tratti leggermente più ripidi sono due. Il primo, subito all'inizio, e il tratto finale che sale al passo Limo. Il punto forte di questa escursione è senza dubbio il paesaggio circostante, fatto da moltissima acqua, natura e cime dolomitiche. Superata la prima parte si sale al vallon de Fanes, uno splendido pianoro di origine glaciale formato da pini mughi. Man mano che si sale, entrando nella

Il lago Verde.

parte alta del vallon de Fanes, si trova molta più erba, numerosi torrentelli e laghi dolomitici. Durante questa escursione si visitano ben due laghetti alpini d'alta quota. Il primo è il lago Verde. Veramente stupendo, circondato da abeti e larici, dove si specchiano le Dolomiti. Il secondo è il lago Limo. Quest'ultimo, a fine stagione, a causa dei cambiamenti climatici e delle sempre più ridotte piogge e nevicate è in terribile sofferenza, con capienza davvero ridotta. Giunti al piccolo villaggio, dove si trova il rifugio Lavarella, e successivo rifugio Fanes, si è circondati da stupende vette dolomitiche, ma solo giunti al passo Limo si ha il massimo della bellezza del panorama. Rivolti verso nord, subito a destra si può notare il Col Bechei, ai piedi del lago Limo. Successivamente si vede la Croda del Becco, il Piz di Sant'Antonio e il classico anfiteatro dell'Alta Badia formato da Lavarella, Ciaval, Sasso delle Dieci e delle Nove. Guardando

La carrareccia che sale ai rifugi. Sass de le nove e di Sant'Antonio.

verso sud si riesce a vedere il panorama fino alle Tofane. Durante questa camminata, inoltre, è possibile visitare ben 5 rifugi delle Dolomiti. Esattamente sono il Rifugio Pederü alla partenza, il rifugio Pices Fanes e Montagnoles, a metà percorso, il rifugio Fanes e il rifugio Lavarella. Laghi, Dolomiti e rifugi rendono questo trekking una delle escursioni più belle delle Dolomiti.

L'ESCURSIONE IN DETTAGLIO:

Si parte dal rifugio Pederü, in fondo alla val di Rudo. Per raggiungerlo si arriva in auto da San Vigilio di Marebbe per strada con pedaggio o si possono prendere i bus che passano per San Vigilio di Marebbe. Raggiunto il rifugio Pederü si può salire in due modi, per la strada forestale o per il sentiero numero 7. Se si prende il sentiero numero 7 si inizia a salire ripidamente per i pini mughi, guadagnando quota molto velocemente. Lasciandosi alle spalle la val di Rudo, ora si sale sull'altopiano del vallon de Fanes. Ora il sentiero è meno ripido e si continua sempre lungo il sentiero tra i pini mughi. Ci si lascia sulla sinistra il lago Piciodel e, intercettando varie volte la strada forestale, si seguono sempre le indicazioni per il rifugio Lavarella. Giunti alla fine del sentiero numero 7 ci si immette nella strada forestale e in un baleno si raggiunge il rifugio Pices Fanes a 2013 mt, dove a lato scorre uno splendido torrente. Subito sopra è presente anche il rifugio Muntagnoles.

Il lago Limo.

Qui è presente un bivio. A destra si va al rifugio Lavarella, mentre a sinistra al rifugio Fanes. Si procede a destra, con direzione rifugio Lavarella. Procedendo in falsopiano lo si raggiunge dopo circa due ore e 6 km dalla partenza. Subito dietro, a pochi passi, si trova anche il lago Verde. Dal rifugio Lavarella si vede anche il rifugio Fanes e dal lago Verde ci si incammina verso di esso. Senza raggiungerlo, si devia prima al passo di Limo, affrontando un'altra breve ma intensa salita. Raggiunto il passo Limo, a 2174 mt, si è arrivati anche al lago Limo, a soli 5 minuti dal passo in falsopiano. Per il ritorno, ora, si torna al passo Limo e si devia verso il rifugio Fanes. Infine, si rientra al rifugio Pederü per la strada forestale, altrimenti si può tornare per il sentiero 7.

TIMBRI DEI RIFUGI E TRACCIA GPX

RIFUGIO PEDERU

RIF. PICES DE FANES

RIFUGIO MUNTAGNOLES

RIFUGIO LAVARELLA

RIFUGIO FANES

TRACCIA GPX

9) Rifugio Biella, Sennes e Fodara-Vedla

Itinerario lungo ed impegnativo all'interno del parco Fanes Sennes Braies. Ai piedi della Croda del Becco si passa per 3 rifugi dolomitici.

Il rifugio Biella con la Croda del Becco.

SCHEDA TECNICA:

Partenza: **Rifugio Pederü 1548 mt. San Vigilio di Marebbe** Tipologia: **anello** Dislivello: **1000 D+** Lunghezza: **18 km** Quota massima: **Rifugio Biella 2327 mt** Tempi: **6 ore senza pause** Segnaletica: **buona** Difficoltà: **difficile** Punti d'appoggio: **rifugio Sennes 2116 mt, rifugio Biella 2327 mt, rifugio Fodara Vedla 1966 mt** Cime percorse: **nessuna** Segnavia: **7 – 7A – 6A – 26** Gruppo: **Dolomiti di Fanes Sennes Braies** Cartografia: **Tabacco 1:25.000, foglio 31, Dolomiti di Braies - Marebbe** Periodo consigliato: **estate, autunno** Adatto ai cani: **si** Presenza d'acqua: **fontanella al rifugio Fodara Vedla**

INTRODUZIONE:

Raggiungere il rifugio Biella, Sennes e Fodara Vedla è una delle escursioni più belle delle Dolomiti all'interno del parco Fanes Sennes Braies, da San Vigilio di Marebbe. In particolare, questa escursione ad anello è interessante in quanto si passa anche per lo splendido laghetto Gran de Foses, dove si specchia la Croda Rossa d'Ampezzo. Quest'escursione è, senz'ombra di

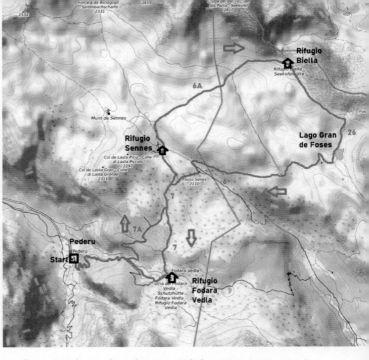

dubbio, un trekking impegnativo. Nonostante sia completamente privo di esposizione e i sentieri siano principalmente carrarecce e strade forestali, si affrontano a piedi ben 18 km scalando 1000 mt di dislivello positivo. Il tutto però viene di gran lunga ripagato dallo splendido ambiente circostante, formato da guglie e lastricati dolomitici. La cima principale da ammirare lungo questo percorso è la Croda del Becco, famosa perché si specchia sul Lago di Braies. La sua verticale parete sud sembra proprio un rasoio che emana luccichii rosei formati dalla Dolomia. Anche la Croda Rossa d'Ampezzo è possibile ammirarne la sua imponenza in questa escursione. Al lago Gran de Foses è forse il punto più interessante dell'escursione. Immensi prati verdi popolati da un infinito numero di marmotte fischiettanti, sentieri poco frequentati, in quanto la maggior parte non fa questa variante, e guglie dolomitiche, rendono questo tratto davvero magico. Qui però bisogna fare leggera attenzione all'orientamento. Il sentiero è ben segnato, però si cammina dentro ad una pietraia su prato poco battuta, che potrebbe far portare fuori sentiero. Oltre a questo tratto, ovviamente si passa per tre splendidi rifugi. Il primo, il rifugio Sennes, è un grandissimo casone in una splendida conca verde, con la Muntjella de Sennes in lontananza. Il rifugio Biella, tra la pietraia della Croda del Becco, si trova proprio

Il rifugio Sennes.

Ai piedi della Croda del Becco.

alla sua base, dove da qui parte anche l'ascensione alla sua cima. E il rifugio Fodara Vedla, un bellissimo villaggetto che ricorda tempi passati.

L'ESCURSIONE IN DETTAGLIO:

Per raggiungere il rifugio Biella e fare questa escursione, si parte dal rifugio Pederü, in fondo alla val di Rudo. Per raggiungerlo si arriva in auto da San Vigilio di Marebbe per strada con pedaggio o si possono prendere i bus che passano per San Vigilio di Marebbe. Raggiunto il rifugio Pederü si prende la vecchia strada militare costruita dall'esercito nel secondo dopoguerra, segnavia 7. Superata una serie infinita di tornati, è anche terminato il tratto più ripido dell'intero itinerario. Si giunge ora ad un bivio e, svoltando a sinistra per il sentiero 7A, si seguono le indicazioni per il rifugio Sennes. Si procede ora con pendenza meno elevata e si incrociano varie volte alcune strade forestali del parco Fanes Sennes Braies. Si seguono sempre le indicazioni per il rifugio Sennes e dopo 1.5 ore dalla partenza lo si raggiunge in uno splendido pianoro verde. Ora si trovano anche le indicazioni per il rifugio Biella e si prende il sentiero dietro al rifugio. Dopo pochi metri, si devia a destra per il sentiero 6A che, dopo un primo ripido tratto, porta ad un sentiero che procede per cenge erbose in falsopiano. Si procede ora in questo ovattato sentiero per poi finire nella carrareccia che porta al rifugio Biella. Da qui si intravede anche il rifugio. Dopo circa due ore e mezza di cammino lo si raggiunge a 2327 mt. Dal rifugio Biella si seguono le indicazioni per il lago Gran de Foses, e, procedendo in mezzo a pietraie e prati erbosi, lo si raggiunge perdendo abbastanza di quota. Al lago si trova anche malga Foses, dove si devia a destra per tor-

Il rifugio Fodara Vedla.

nare alla forestale percorsa in precedenza. Questo tratto è nuovamente in salita e bisogna stare attenti all'orientamento. Giunti nuovamente alla strada forestale si continua in discesa verso il rifugio Sennes, ma prima di raggiungerlo, si devia a sinistra seguendo le indicazioni per il rifugio Fodara Vedla. Dopo un lungo tratto tra i pini mughi lo si raggiunge a 1966 mt. Da qui si continua lungo il sentiero per poi riprendere la strada militare che riconduce al rifugio Pederü, terminando così l'escursione.

TIMBRI DEI RIFUGI E TRACCIA GPX

RIFUGIO PEDERU

RIFUGIO SENNES

RIFUGIO BIELLA

RIFUGIO FODARA VEDLA

TRACCIA GPX

Il lago Gran de Foses.

10) Roda de Putia

Una delle escursioni ad anello più belle delle Dolomiti. Dal passo delle erbe si gira attorno al Sass de Putia passando per verdi alpeggi dal panorama mozzafiato.

Malga Fornella e il Sass de Putia.

SCHEDA TECNICA:

Partenza: **Passo delle Erbe 2008 mt** Tipologia: **anello** Dislivello: **600 D+** Lunghezza: **13 km** Quota massima: **Forcella de Putia 2362 mt** Tempi: **5 ore senza le pause** Segnaletica: **ottima** Difficoltà: **media** Punti d'appoggio: **Malga Fornella 2067 mt, Riufigio Vaciara 2118 mt, rifugio Goma 2030 mt** Cime percorse: **nessuna** Segnavia: **8A – 4 – 4B – 35 – 8B** Gruppo: **Sass de Putia** Cartografia: **Tabacco 1:25.000, foglio 07, Alta Badia, Arabba, Marmolada** Periodo consigliato: **estate** Adatto ai cani: **si, (tratti leggermente esposti)** Presenza d'acqua: **Fontanelle in alcune malghe**

INTRODUZIONE:

Il giro del Sass de Putia, o Roda de Putia, è una bellissima escursione da fare tra le Dolomiti della val di Funes e l'Alta Badia. È un trekking di media difficoltà. Si percorrono 13 km facendo 600 mt di dislivello positivo. Compiendo il giro in senso antiorario, la parte più tecnica e complicata è la prima. Superata malga Fornella è presente un tratto leggermente esposto che conduce al canalone che sale a forcella Putia. Inoltre, la salita lungo il canalone è davvero ripida. La maggior parte del dislivello si concentra in questa parte. L'orientamento di questa escursione è banale dato che bisogna girare

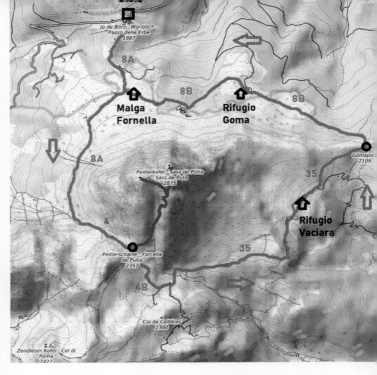

attorno ad una montagna, nonostante ciò, sono presenti numerosi cartelli che indicano la direzione da seguire. La parte dominante che caratterizza quest'itinerario sono gli splendidi alpeggi del Sass de Putia. Superata forcella Putia, si scende in verdissimi prati tenuti a regola d'arte con malghette disseminate lungo tutto il territorio, un ambiente davvero idilliaco. Girare attorno a una vetta delle Dolomiti consente di ammirare un paesaggio sublime. Fin da subito si nota l'incredibile piramide del Sass de Putia, formata da due pinnacoli, principalmente. Il piccolo Putia e il Sass de Putia. Salendo a Forcella Putia si può ammirare il gruppo delle Odle e, dopo aver valicato il passo, si apre il panorama sul gruppo del Puez, l'anfiteatro di Santa Croce, Lavarella, Conturines, Ciaval, Sasso delle Nove e delle Dieci e su tutta l'Alta Badia. Continuando a girare, si notano la Croda Rossa d'Ampezzo, la Muntjella de Sennes e il Piz da Peres. Senza dimenticare la vista verso il Falzarego, con il Lagazuoi, Sass de Stria, Settsass e Civetta. L'escursione che porta a fare la Roda de Putia è senz'altro una delle escursioni più belle delle Dolomiti che porta a combinare

Il rifugio Vaciara.

Il tratto esposto.

guglie vertiginose con tondeggianti pascoli, dove la verticalità della natura incontra la blanda mano dell'uomo, creando una cornice davvero unica ed appagante alla vista.

L'ESCURSIONE IN DETTAGLIO:

Si parte dal passo delle Erbe a 2008 mt, raggiungibile da San Martino in Badia o da San Pietro in val di Funes. Lasciata l'auto al parcheggio a pagamento ci si incammina per l'ampia forestale che porta a malga Fornella, ai piedi delle verticali pareti del Putia. Raggiunta, si procede in senso antiorario, e cioè verso destra. È consigliato il giro in questo senso in modo da affrontare la parte più ripida ed esposta ad inizio escursione, quando ancora si è freschi e pieni di energie. Dunque, svoltato a destra si continua lungo carrareccia fino a quando la strada finisce e il sentiero diventa classico sentiero di montagna. Superato questo primo tratto il sentiero si fa più esposto, lasciando sulla destra un bello strapiombo. L'esposizione continua fino a quando si giunge alla base del canalone che sale a Forcella de Putia. Ora il sentiero si inerpica verticalmente e, meno esposto, fa guadagnare quota molto velocemente. Dopo un'ora e mezza dalla partenza e aver superato il canalone, si arriva a forcella Putia, a 2362 mt, punto più alto dell'escursione. Ora si scende verso i verdi prati, sempre ripidamente, ma lungo larghi sentieri privi di pericoli. Superata la ripida discesa ci si trova in mezzo ad un verde alpeggio, e procedendo in falsopiano, si può ammirare le innumerevoli malghette disseminate nel territorio che rendono l'ambiente una cornice confortevole. Superata la metà del percorso si giunge anche al rifugio Vaciara, punto ristoro

Gli alpeggi attorno al Putia.

dell'escursione. Da qui, bisogna ancora salire, molto più brevemente e meno ripidamente rispetto a prima, per raggiungere il passo Goma a 2100 mt. Superato il passo si torna nel versante nord della montagna e, con diversi saliscendi, ci si porta nei pressi del rifugio Goma, 2030 mt. Ormai il giro è finito, e da quest'ultimo rifugio manca davvero poco per ritornare a malga Fornella e successivamente al passo delle Erbe, dopo 5 ore di cammino e 13 km.

VARIANTI:

Variante blu: Raggiunto il passo de Putia è possibile salire o al Piccolo Putia o al Sass de Putia, aggiungendo all'escursione 300 D+ e 2.5 ore tra andata e ritorno. Il Piccolo Putia, facendo attenzione, può essere raggiunto anche dai cani, mentre sul Sass de Putia sono presenti alcune roccette che il cane non riesce a superare.

TIMBRI DEI RIFUGI E TRACCIA GPX

MALGA FORNELLA

RIFUGIO VACIARA

RIFUGIO GOMA

TRACCIA GPX

11) Malga Gran Fanes

Tra San Cassiano e il passo Valparola, inizia questo trekking d'alta quota tra le Dolomiti dell'Alta Badia. Classico giro nel parco Fanes Sennes Braies.

Malga Gran Fanes.

SCHEDA TECNICA:

Partenza: **Capanna Alpina 1720 mt, Armentarola** Tipologia: **andata/ritorno** Dislivello: **600 D+** Lunghezza: **13.5 km** Quota massima: **Malga Gran Fanes 2100 mt** Tempi: **4.5 ore a + r** senza pause Segnaletica: **ottima** Difficoltà: **media** Punti d'appoggio: **Capanna Alpina 1720 mt, Malga Gran Fanes 2100 mt** Cime percorse: **Col de Locia 2069 mt** Segnavia: **11** Gruppo: **Dolomiti di Fanes Sennes Braies** Cartografia: **Tabacco 1:25.000, foglio 07, Alta Badia, Arabba, Marmolada** Periodo consigliato: **estate** Adatto ai cani: **si** Presenza d'acqua: **fontanella a Capanna Alpina**

INTRODUZIONE:

L'escursione che porta a malga Gran Fanes è un trekking di media difficoltà. Tra andata e ritorno, si percorrono 13.5 km, affrontando un dislivello positivo di 600 mt. La parte più impegnativa è la prima. In questo tratto si sale ripidamente al col de Locia, per poi continuare in un continuo e leggero saliscendi. Il tratto finale che sale al col del Locia è anche il più esposto, ma è sempre protetto da parapetto. Per il restante dell'itinerario si cammina sempre pre dentro ad ampissime gole di origine glaciale, completamente prive di esposizione. Si cammina principalmente ad alta quota, circondati da

splendidi torrioni dolomitici. In questa camminata in Alta Badia, la presenza d'acqua è una costante. Durante questo percorso è facile trovare diversi torrentelli e corsi d'acqua che scendono dalle vette delle Dolomiti. Nella prima parte di questa escursione si cammina sempre al cospetto delle Conturines, con il Piz Taibun, che domina tutto il sentiero. Successivamente si arriva allo splendido pianoro adibito ad alpeggio, dove si trova il rifugio Malga Gran Fanes. Al cospetto del Col Bechei, a malga Gran Fanes è possibile trovare molti animali al pascolo come mucche o cavalli. Infine, a 20 minuti a piedi da malga Gran Fanes si trova il lago Limo, un lago alpino tipico delle Dolomiti (variante azzurra).

L'ESCURSIONE IN DETTAGLIO:

Per raggiungere Malga Gran Fanes si parte dal rifugio Capanna Alpini, in Alta Badia. Tra San Cassiano e il passo Valparola è presente il piccolo paese di Armentarola, da qui è presente la deviazione che porta alla Capanna Alpini a 1720 mt. Qui è presente un ampio parcheggio a pagamento dove si può lasciare l'auto. Dal rifugio ci si incammina per il sentiero numero 11. Superato un brevissimo tratto in piano, il sentiero si inerpica velocemente e si inizia a guadagnare quota in un baleno, superando diversi gradoni formati da tronchi di legno. Man mano che si sale, si apre il panorama sulla vallata e sul gruppo del Sella, in lontananza. Dopo un'ora circa di cammino si raggiungono i 2069 mt del Col de Locia. Ora il sentiero rallenta e consente di rifiatare e riposarsi. Si continua ora per l'ampia gola tra il Piz de Campestrin e il Piz Taibun, procedendo per molti tratti in piano e alcuni in leggera salita. Malga Gran Fanes inizia ad intravedersi anche da lontano e, dopo due ore abbondanti di cammino, la si raggiunge a 2104 mt. Ora aggiungendo altri 20 minuti di cammino si può raggiungere il lago Limo e il passo Limo,

Torrenti lungo il tragitto.

dove aldilà si trovano i rifugi Lavarella e Fanes. Per il ritorno si procede per la stessa strada effettuata all'andata.

VARIANTI:

Variante blu: Per il ritorno è possibile fare una variante abbastanza impegnativa. A

Alpeggio a malga Gran Fanes.

metà strada, circa, tra la Capanna Alpina e malga Gran Fanes è presente una deviazione per il lago Lagazuoi, sentiero 20B. Preso, si sale alla forcella di Lech superando un tratto esposto e non adatto ai cani. Da qui si scende al lago Lagazuoi e al rifugio Scotoni per infine rientrare alla Capanna Alpini.

Il sentiero.

Il Piz Taibun.

TIMBRI DEI RIFUGI E TRACCIA GPX

TRACCIA GPX

MALGA GRAN FANES

12) Anello del Settsass

Una bellissima escursione circolare tra le Dolomiti di Cortina, Agordino e Alta Badia. Si parte da passo Valparola.

Il bivacco Sief.

SCHEDA TECNICA:

Partenza: **Rifugio Valparola 2178 mt**, passo Valparola Tipologia: anello Dislivello: **600 D+** Lunghezza: **11 km** Quota massima: **2315 mt, lungo il percorso** Tempi: **4.5 ore senza pause** Segnaletica: **buona** Difficoltà: **medio-difficile (alcuni tratti esposti)** Punti d'appoggio: **Rifugio Valparola 2178 mt, bivacco Sief 2262 mt** Cime percorse: **nessuna** Segnavia: **24 - 23** Gruppo: **Settsass** Cartografia: **Tabacco 1:25.000, foglio 07, Alta Badia, Arabba, Marmolada** Periodo consigliato: **estate** Adatto ai cani: **(attenzione in alcuni punti esposti)** Presenza d'acqua: **no**

Marmotta.

INTRODUZIONE:

L'anello del Settsass è una bella escursione da fare tra le Dolomiti di Cortina e dell'Alta Badia, un'escursione tra le più belle delle Dolomiti. L'itinerario non è facile. Non è molto lungo, 11 km con un dislivello di 600 D+, ma presenta alcuni punti leggermente esposti che

richiedono passo sicuro, specie nel primo tratto. Inoltre, nella seconda parte si superano diverse pietraie e la progressione può essere leggermente difficoltosa, specie se si è accompagnati da cani. Le difficoltà dell'itinerario non vanno comunque oltre il grado di quello escursionistico. Da non sottovalutare che questa escursione è formata da un continuo saliscende e che si trova salita anche verso la fine dell'itinerario. La particolarità di questa escursione è che comprende una serie di condizioni che la rendono davvero unica. Prima fra tutte è che è un itinerario molto meno battuto rispetto ai grandi classici delle Dolomiti e questo permette di godere della montagna con poche persone nei sentieri. Il secondo punto

Il Lagazuoi e il Sass de Stria.

è il panorama unico. Questo percorso circolare in quota permette di osservare moltissime vette delle Dolomiti del Veneto e del Trentino-Alto Adige. Conturines, l'anfiteatro dell'Alta Badia, Putia, Puez Odle, Sella, Marmolada,

Indicazioni.

Civetta, Lagazuoi sono solo alcune delle vette che è possibile ammirare in questo percorso ad anello. Un altro fattore che rende la camminata interessante è il sentiero e l'ambiente circostante. Qui si passa molto velocemente da roccette, classico sentiero di montagna, tratti nel bosco, verdi prati, cenge rocciose e pietraie. Infine, per gli appassionati di storia, da qui si

notano con facilità il Lagazuoi e il Sass de Stria, il monte Sief e il Col di Lana. Rendendo palese le dinamiche di guerra svoltosi in queste aree durante la Prima guerra mondiale.

L'ESCURSIONE IN DETTAGLIO:

Il lago Lagazuoi.

Per fare l'anello del Settsass si parte da passo Valparola. Più precisamente si parte dal rifugio Valparola a 2178 mt. Lasciata l'auto in uno dei parcheggi del passo, si prende il sentiero che si trova dietro al rifugio e che costeggia il lago Valparola. Iniziato a salire, si trova subito la deviazione per il sentiero 24 sulla destra. Preso questo sentiero si sale leggermente di quota tagliando orizzontalmente la montagna e passando per alcune facili roccette dove bisogna fare particolare attenzione. Questo tratto è particolarmente panoramico sull'Alta Badia. Superato questo passaggio iniziale si inizia a scendere di quota, ritrovandosi in mezzo al bosco. Si continua lungo il sentiero e, usciti dal bosco, si riinizia a salire per comodo sentiero. Superata la deviazione per la cima Settsass si arriva ad una selletta dove si apre il panorama sul Sella e sulla Marmolada. Si scende ora di quota e si seguono le indicazioni per forcella Sief e Bivacco Sief, segnavia 23. Si risale ancora superando prima diverse pietraie e sfasciumi e poi una bellissima e divertente cengia rocciosa. Si giunge al bivacco Sief intercettando il sentiero che sale al Col di Lana. SI continua ora verso passo Valparola, seguendo il monte

Il Sella

Lagazuoi come riferimento. Si continua per esposta cengia erbosa, camminando sotto le pareti del Settsass. Infine, un ultimo tratto nuovamente in salita riporta al passo Valparola ultimando questo bellissimo percorso ad anello tra le Dolomiti.

Panorama verso l'Alta Badia.

VARIANTI:

Variante blu: a circa 2/5 dell'escursione è presente la deviazione per raggiungere la cima del Settsass. Prendendola, bisogna aggiungere all'escursione circa 300 D+ e un'ora e mezza di cammino.

TIMBRI DEI RIFUGI E TRACCIA GPX

RIFUGIO VALPAROLA

TRACCIA GPX

13) Malga Brogles
Rifugio delle Odle

Itinerario ad anello in val di Funes ai piedi delle Odle. Dalla chiesetta Ranui si sale a malga Brogles per poi proseguire verso malga Casnago e al rifugio delle Odle Geisleralm.

Malga Brogles.

SCHEDA TECNICA:

Partenza: **Parcheggio Ranui, Santa Magdalena, val di Funes 1350 mt** Tipologia: **anello** Dislivello: **800 D+** Lunghezza: **14.5 km** Quota massima: **Malga Brogles 2045 mt** Tempi: **5 ore senza le pause** Segnaletica: **ottima** Difficoltà: **media** Punti d'appoggio: **Rifugio Brogles 2045 mt, Malga Casnago 2000 mt, rifugio delle Odle Geisleralm 1996 mt** Cime percorse: **nessuna** Segnavia: **28 – 35 – 34** Gruppo: **Odle** Cartografia: **Tabacco 1:25.000, foglio foglio 30, Bressanone – val di Funes** Periodo consigliato: **tutto l'anno meteo permettendo** Adatto ai cani: **si** Presenza d'acqua: **si, fontanella al rifugio delle Odle**

INTRODUZIONE:

L'escursione al rifugio delle Odle e alla Malga Brogles è uno dei trekking più famosi delle Dolomiti in val di Funes. A differenza della semplice salita al rifugio delle Odle da malga Zannes, quest'escursione è più impegnativa ma paesaggisticamente più appagante. Si sale a Malga Brogles dalla famosissima chiesetta di Ranui di Santa Maddalena e si percorre un tratto del sentiero Adolf Munkel che porta al rifugio delle Odle Geisleralm. Quest'ultimo tratto è particolarmente bello in quanto si cammina ai piedi delle Odle con paesaggi da cartolina. Il dislivello positivo, di 800 mt, è ben distribuito nei 15

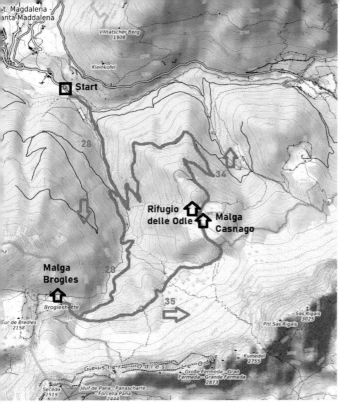

km dell'escursione e questo fa sì che non ci siano tratti particolarmente ripidi. Inoltre, tutti i sentieri di questa escursione sono molto larghi e perlopiù strade forestale, prive di pericoli. L'unica difficoltà richiesta sta nel percorrere la lunghezza totale dell'itinerario e del dislivello. Da Malga Brogles si ha una vista unica sulla parete delle Odle, in primis sul Sass Rigais. Si vede inoltre la croce del Seceda. La meta finale e più gettonata dell'itinerario rimane il rifugio delle Odle o Geisleralm. Plurifotografato è famoso per lo spettacolo che offre e che fa da cornice, tanto che viene chiamato "cinema delle Odle". Situato in verde prato, con fontanella e comodi lettini per riposarsi, è una sosta obbligata da fare lungo questo percorso. Durante questo trekking si passa anche per malga Casnago, rifugio simile e altrettanto bello. Infine, dato che ci si trova nei pressi della chiesetta di San Giovanni a Ranui, simbolo della val di Funes, vale la pena fermarsi un attimo per ammirarne il paesaggio e scattarci una foto.

L'ESCURSIONE IN DETTAGLIO:

Per raggiungere il rifugio delle Odle e malga Brogles si parte dal parcheggio a pagamento di Ranui a 1350 mt circa. Per raggiungerlo si supera la deviazione per il centro di Santa Maddalena in val di Funes e anziché proseguire per malga Zannes si devia a destra seguendo le indicazioni per Ranui, la strada finisce al parcheggio. Lasciata l'auto si inizia a salire per il sentiero nr 28 che sale in maniera

La chiesetta di San Giovanni.

costante e poco ripida in mezzo ad un fresco bosco accompagnato dal torrente Brogles, a lato. Quasi giunti alla malga il bosco si dirada lasciando ampie vedute

Il rifugio delle Odle.

sulle Odle e sulla val di Funes. Qui il sentiero 28 si immette nel sentiero 35 Adolf Munkel. Si tiene la destra e in 10 minuti si giunge al rifugio Brogles a 2045 mt. Dopo una sosta obbligata si torna indietro e anziché scendere per il 28 si continua lungo il sentiero 35 proseguendo in falsopiano con una bellissima vista. Scesi a 1900 mt si inizia nuovamente a salire per raggiungere i 2000 mt dov'è ubicata malga Casnago, raggiungendola a 3 ore circa dalla partenza. Subito dietro malga Casnago è situato anche il rifugio delle Odle Geisleralm. Visitato, si prosegue ora per strada forestale, segnavia 34 che riporta al punto iniziale del percorso.

TIMBRI DEI RIFUGI E TRACCIA GPX

MALGA BROGLES

MALGA CASNAGO

RIFUGIO DELLE ODLE

TRACCIA GPX

14) Rifugio Genova Col di Poma

*Escursione in val di Funes che porta ad una cima particolarmente pa-
noramica sulle Odle. Infine, si passa anche al rifugio Genova.*

Il rifugio Genova.

SCHEDA TECNICA:

Partenza: **Malga Zannes 1680 mt, Santa Magdalena, val di Funes** Tipologia:
anello Dislivello: **800 D+** Lunghezza: **12 km** Quota massima: **Col di Poma 2422
mt** Tempi: **4.5 ore senza pause** Segnaletica: **ottima, anche se il primo tratto solo
in tedesco** Difficoltà: **medio-difficile** Punti d'appoggio: **Rifugio Genova 2297 mt,
Medalges Alm 2293 mt, Gampealm 2062 mt, Kaserill Alm 1920 mt, malga Zannes
1680 mt** Cime percorse: **Col di Poma 2422 mt** Segnavia: **6 – 3 – 33 – 31A – 32 –
33** Gruppo: **Odle** Cartografia: **Tabacco 1:25.000, foglio 30, Bressanone – val di
Funes** Periodo consigliato: **estate** Adatto ai cani: **si, un breve tratto leggermente
esposto** Presenza d'acqua: **si, qualche fontanella nella zona finale delle malghe,
lungo il sentiero**

INTRODUZIONE:

L'escursione al rifugio Genova e alla cima del Col di Poma è un bel trekking
da fare tre le Dolomiti della val di Funes, con un panorama unico sulle Odle.
L'escursione qui descritta è un'escursione ad anello che, per arrivare al rifugio Genova e al Col di Poma, si passa per un sentiero che sale alla forcella de
Furcia, un punto particolarmente panoramico sulle Odle e con vista tra la val
di Funes e l'Alta Badia. L'escursione è impegnativa. Sono presenti dei tratti

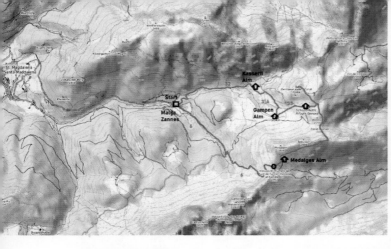

abbastanza ripidi e un punto leggermente esposto. Il dislivello totale di 800 mt si sviluppa in 12 km. Sono presenti dei lunghi tratti pianeggiati o con poca pendenza, che fanno sì che la salita rimanente sia abbastanza ripida. Il panorama, comunque, che si ammira durante questa escursione fa ripagare di tutta la fatica fatta. La parte iniziale del sentiero è molto vicina alle Odle, che tra rododendri in fiore e verdi prati rendono il contesto unico. Superata la forcella de Furcia si inizia ad intravedere l'Alta Badia e, man mano che ci si avvicina al passo di Poma, si aprono panorami verso tutte le Dolomiti come il Sass de la Crusc, il Sasso delle Nove e delle Dieci. Inoltre, si può notare tutto il gruppo del Puez e si vede da vicino anche il Sass de Putia. Giunti infine al col di Poma si ha una vista incredibile sul gruppo delle Odle e sulla verde vallata sottostante dove risiede il rifugio Genova. Per ultimo, si rientra passando per diverse malghe tipiche dell'alto Adige rendendo queste escursioni davvero appagante. Prima di giungere al passo di Poma è presente un tratto in discesa leggermente esposto che, con le dovute precauzione, si fa tranquillamente anche con il cane. Per ultimo, nei prati nei prati nei pressi della forcella de Furcia è davvero facile imbattersi in marmotte che fischiano.

L'ESCURSIONE IN DETTAGLIO:

Per raggiungere il rifugio Genova e la cima del Col di Poma si parte da Malga Zannes a 1680 mt. Per raggiungerla, da Santa Maddalena in val di Funes, si seguono le indicazioni per la malga e, a fine strada, è situato il parcheggio a pagamento dove si può lasciare l'auto. Parcheggiato, si ignorano le indicazioni per il rifugio Genova e si prende il sentiero nr 6 con indicazioni "Kreuzjoch", che sarebbe forcella de

Le Odle.

Furcia (purtroppo non scritta in italiano) Qui si inizia a salire per ampie carrarecce in mezzo al bosco. Salendo si intercetta una strada che porta al rifugio Genova ma ci si mantiene sempre sul sentiero nr 6. Superata questa forestale, il bosco inizia a diradarsi lasciando spazio a verdi prati con qualche cespuglio di rododendri con vista Odle. Ora il sentiero si fa più ripido e tra i fischi delle mar-

La croce del Col di Poma.

motte si guadagna quota velocemente. Dopo un'ora abbondante di cammino si giunge a forcella de Furcia a 2293 mt. Ora il panorama si apre sulla val Badia e, seguendo ora le indicazioni per il rifugio Genova, si giunge in poco tempo a malga Medalges. Seguendo ora il sentiero nr 3 si guadagnano qualche metro in salita per portarsi ad una lunga cengia diritta e in piano che porta in un pianoro davvero panoramico sul Sass de Putia. Si scende ora per il tratto leggermente esposto ed in poco tempo si giunge al passo di Poma, intravedendo il rifugio Genova. Tralasciando la svolta per il rifugio Genova si continua dritti e con l'ultima salita si arriva alla croce del Col di Poma a 2422 mt. Tre ore scarse dalla partenza. Gustati dal panorama si torna indietro al passo di Poma e si scende ora al rifugio Genova a 2297 mt. Si continua a scendere di quota velocemente seguendo le indicazioni per malga Zannes e si giunge a malga Gampen. Ora si svolta decisi a destra per sentiero 31A in modo da passare anche per malga Kasserill prima di concludere l'escursione ad anello.

TIMBRI DEI RIFUGI E TRACCIA GPX

RIFUGIO GENOVA

TRACCIA GPX

15) Giro delle malghe di San Martino

Un facile itinerario ad anello che sfrutta la cabinovia Tognola e che, per rilassanti boschi, porta a malga Tognola, Valcigolera e Ces.

Malga Valcigolera.

SCHEDA TECNICA:

Partenza: **Impianti a monte Tognola 2200 mt** Tipologia: **anello** Dislivello **170 D+ 850 D-** Lunghezza: **12.5 km** Quota massima: **Impianti a monte Tognola 2200 mt** Tempi: **4 ore senza pause** Segnaletica: **ottima** Difficoltà: **facile** Punti d'appoggio: **Malga Tognola 1988 mt, Malga Valcigolera 1952 mt, Malga Ces 1670 mt** Cime percorse: **nessuna** Segnavia: **R09** Gruppo: **Lagorai** Cartografia: **Tabacco 1:25.000, foglio 22, Pale di San Martino** Periodo consigliato: **estate autunno** Adatto ai cani: **si** Presenza d'acqua: **fontanella a malga Ces**

INTRODUZIONE:

Un buon itinerario da fare a San Martino di Castrozza, per sentieri poco frequentati dai classici delle Dolomiti, è l'escursione ad anello per visitare le malghe sul Tognola, più precisamente Malga Tognola, malga Valcigolera e malga Ces. L'itinerario proposto è stato pensato per rendere quest'escursione un percorso facile, ma nulla vieta di farlo in senso contrario rendendolo difficile, con un dislivello positivo di 900 mt. Per l'appunto, questa variante facile ha un dislivello in salita di soli 200 mt e uno in discesa di 850 mt. Si percorrono 12 km di lunghezza e si sfruttano gli impianti di risalita del Tognola. L'ambiente che circonda quest'itinerario è davvero rilassante. Se

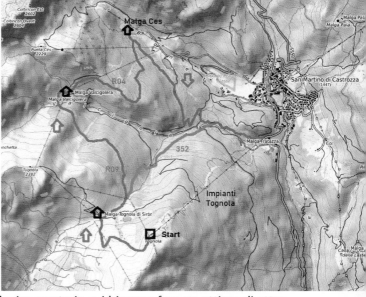

nella parte iniziale si ha un ottimo panorama sui Lagorai, sulle Pale di San Martino e sul paese di San Martino di Castrozza, nella seconda parte si percorrono sentieri in mezzo al bosco, molto freschi anche col caldo d'estate. I sentieri sono molto larghi e facili da percorrere, con pendenze molto leggere, l'unico punto in cui bisogna fare un attimo di attenzione è il sentiero che da malga Valcigolera porta a Malga Ces. È un po' più ripido rispetto al totale del percorso. Infine, si passa anche per la sfortunata malga Frattazza chiusa per un incendio.

L'ESCURSIONE IN DETTAGLIO:

Per questa escursione bisogna raggiungere l'abitato di San Martino di Castrozza e, prima di raggiugere il centro del paese, si lascia la macchina al parcheggio della cabinovia Tognola, prendendo gli impianti. Dall'arrivo a monte

Malga Tognola.

della cabinovia Tognola, si prosegue seguendo indicazioni per Malghetta Tognola. In circa 20 minuti e 200 mt di dislivello negativo la si raggiunge a 1988 mt. Dalla malghetta Tognola si seguono le indicazioni (poste sulla parete della vecchia malga) con indicazioni malga Valcigolera e, dopo 15 minuti di percorso, si trova il bivio R09, che prendendolo attraversa in quota, in mezzo al bosco, il versante della montagna. Si prosegue fino a raggiungere malga Valcigolera a 1952 mt dopo un'ora di cammino. Dalla malga si prosegue ancora in falsopiano, lungo il sentiero detto del "Dahu" (R04) fino a trovare un nuovo bivio. Entrambi i percorsi portano a malga Ces. Scegliendo il sentiero del Cervo, il sentiero di destra, si passa per un bel pianoro panoramico sulle Pale di San Martino e su San Martino di Castrozza. Superato questo pianoro si ha la parte più ripida del percorso. In questo punto si perde velocemente quota fino a raggiungere malga Ces a 1670 mt.

Vista su San Martino.

Da malga Ces si prosegue per un rilassante sentiero immerso nel bosco verso San Martino di Castrozza. In questa zona ci sono innumerevoli sentieri che si intersecano, per non sbagliare basta seguire le indicazioni per San Martino di Castrozza e successivamente per malga Frattazza. Nei pressi di malga Frattazza, compaiono anche le indicazioni per il parcheggio della cabinovia Tognola e, percorrendo quest'ultimo tratto, si chiude l'anello.

VARIANTI:

Variante azzurra: Come scritto precedentemente, se si vuole fare un'escursione più impegnativa si può fare quest'itinerario in senso opposto, partendo da San Martino di Castrozza, passando per malga Ces, malga Valcigolera e raggiunta malghetta Tognola. Infine, si può tornare direttamente A San Martino di Castrozza per il sentiero 352.

TIMBRI DEI RIFUGI E TRACCIA GPX

MALGA TOGNOLA

MALGA VALCIGOLERA

MALGA CES

TRACCIA GPX

16) Lago di Calaita da San Martino

Un'escursione immersa nei verdi boschi della val Cismon. Da San Martino di Castrozza si sale al lago di Calaita passando per la panoramicissima Malga Crel, con vista Pale di San Martino.

Il lago di Calaita.

SCHEDA TECNICA:

Partenza: **Parcheggio funivie Tognola o San Martino di Castrozza 1400 mt** Tipologia: **andata/ritorno** Dislivello **600 D+** Lunghezza: **16 km a + r dagl'impianti Tognola** Quota massima: **Forcella Calaita 1660 mt** Tempi: **5 h a + r** Segnaletica: **ottima** Difficoltà: **media** Punti d'appoggio: **rifugio Miralago 1600 mt, Malga Crel 1577 mt** Cime percorse: **nessuna** Segnavia: **350** Gruppo: **Lagorai** Cartografia: **Tabacco 1:25.000, foglio 22, Pale di San Martino** Periodo consigliato: **tutto l'anno** Adatto ai cani: **si** Presenza d'acqua: **lungo la carrareccia si incrociano alcuni ruscelli che scendono a valle**

INTRODUZIONE:

Un bel trekking immerso nei boschi di San Martino di Castrozza è raggiungere il lago di Calaita, passando per la splendida malga Crel. L'itinerario è abbastanza lungo, specie se si parte dal centro di San Martino. Il dislivello ben distribuito rende comunque questa camminata davvero piacevole e rilassante da fare. Il sentiero è principalmente una strada forestale sterrata, tranne nell'ultimo tratto, prima di raggiungere Forcella Calaita, che diventa

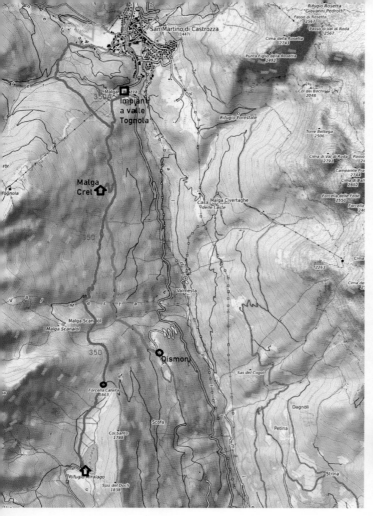

sentiero di montagna. Si cammina principalmente in mezzo al bosco, nonostante ciò, si aprono parecchi panorami sulle Pale di San Martino, in particolare da Malga Crel e al punto panoramico subito dopo forcella Calaita. In questa escursione si distinguono facilmente cima Vezzana, cima Rosetta, la Pala di San Martino e la cima della Madonna. Il punto finale di quest'itinerario è il lago di Calaita, un lago alpino d'origine naturale situato a 1600 mt.

L'ESCURSIONE IN DETTAGLIO:

Se si parte dal centro di San Martino di Castrozza, bisogna dirigersi verso ovest, verso il parco Agility Forest e da lì seguire le indicazioni per Malga Crel e Forcella Calaita. Se si parte invece dal parcheggio degl'impianti a valle Tognola, bisogna risalire la stradina asfaltata che sale sulla sinistra del parcheggio. Dalla stradina, dopo alcuni metri ci si imbatte nel cartello Malga Crel, lago di Calaita, segnavia 350A. Preso il sentiero si inizia a salire abbastanza ripidamente in mezzo al bosco, fino a giungere nella strada forestale che sale da San Martino. Presa la carrareccia si prosegue ora in leggerissima salita fino a giungere nei pressi di

Il sentiero che sale al lago di Calaita.

Malga Crel dove si può fare una breve deviazione (1577 mt s.l.m.). Si continua lungo la strada forestale, superando vari ruscelli e cascatelle, fino a giungere a un bivio con indicato "Lago di Calaita". Ora, il sentiero sale in mezzo al bosco e si presentano alcuni tratti leggermente esposti fino a raggiungere Forcella Calaita, a 1660 metri s.l.m. Da qui, in leggera discesa, si prosegue nell'ampio prato verde che conduce fino al lago e al rifugio Miralago. Per il ritorno si procede per la stessa strada effettuata all'andata.

VARIANTI:

Dal momento che il lago di Calaita si può raggiungere anche in auto, quest'escursione può essere fatta anche nel verso opposto, cioè dal lago di Calaita al centro di San Martino di Catrozza, solo che così, il dislivello si fa tutto in discesa all'andata e salita per il ritorno.

Variante azzurra: Se si vuole diminuire leggermente dislivello e lunghezza dell'itinerario si può partire dai Dismoni.

TIMBRI DEI RIFUGI E TRACCIA GPX

MALGA CREL

Nei pressi di forcella Calaita.

RIFUGIO MIRALAGO

TRACCIA GPX

17) Crode Rosse
Malga Pala

Un itinerario poco frequentato ma molto piacevole nelle Pale di San Martino. Salendo alle Crode Rosse si cammina ai piedi del Cimon della Pala passando anche per malga Pala.

Malga Pala. Nella pag. suc. Cimon della Pala dalle Crode Rosse.

SCHEDA TECNICA:

Partenza: **San Martino di Castrozza 1500 mt** Tipologia: **anello** Dislivello: **800 D+** Lunghezza: **11 km** Quota massima: **Crode Rosse 2200 mt** Tempi: **4.5 ore senza pause** Segnaletica: **buona** Difficoltà: **media** Punti d'appoggio: **Malga Pala 1897 mt** Cime percorse: **Crode Rosse 2200 mt** Segnavia: **712, sentiero dei Finanzieri** Gruppo: **Pale di San Martino** Cartografia: **Tabacco 1:25.000, foglio 22, Pale di San Martino** Periodo consigliato: **estate** Adatto ai cani: **si** Presenza d'acqua: **no**

INTRODUZIONE:

Raggiungere le Crode Rosse e malga Pala per il sentiero dei finanzieri è un'escursione da fare a San Martino di Castrozza, poco frequentata, tra le Dolomiti. L'escursione alle Crode Rosse e malga Pala è di media difficoltà, ciononostante si affronta un bel dislivello positivo. Per l'esattezza il dislivello totale è di 800 mt e si percorre una distanza di 11 km circa. La parte più emozionante dell'escursione è il tratto lungo le Crode Rosse: una distesa erbosa

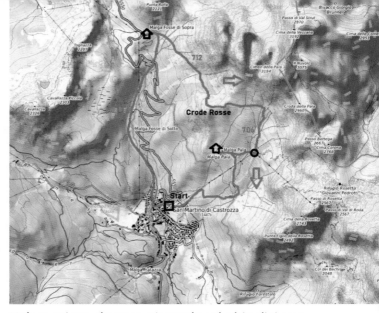

verde con il Cimon della Pala di fronte, che occupa tutta la vista. Voltandosi, si può ammirare dall'alto San Martino di Castrozza e passo Rolle, i Lagorai, con il Colbricon in primo piano, e in lontananza il Latemar. Si vede inoltre da vicino anche cima Rosetta e tutta la valle del Cismon, con il monte Pavione in lontananza. Un'escursione davvero piacevole ad altitudini non troppo elevate.

L'ESCURSIONE IN DETTAGLIO:

Per raggiungere le Crode Rosse e malga Pala si parte dal centro di San Martino di Castrozza. Si può parcheggiare agl'impianti a valle di Colverde, a 1500 mt, dal momento che questo è il punto finale dell'itinerario. Da qui ci si dirige verso la zona est di San Martino e si comincia a salire verso passo Rolle seguendo le indicazioni per Passo Rolle e malga Fosse di sopra. Questo primo tratto non è molto ripido e si cammina dentro ad un diradato bosco. Raggiunta malga Fosse di

Cima Rosetta.

Sopra (malga chiusa) si svolta a destra prendendo il sentiero 712, detto "Sentiero dei Finanzieri". Ora si inizia a salire più ripidamente e costeggiando il Cimon della Pala ci si porta nei verdi prati delle Crode Rosse, dov'è possibile ammirare uno stupendo panorama. Si prosegue sempre per sentiero 712 fino ad incrociare il sentiero 706. Lo si prende, a destra, e si arriva agli impianti a monte della cabinovia Colverde. Ora, a 10 minuti, si trova anche la splendida malga Pala a 1897 mt. Infine, si torna a San Martino di Castrozza percorrendo la strada sterrata lungo le piste da sci che rientra a valle, chiudendo l'anello dell'escursione.

TIMBRI DEI RIFUGI E TRACCIA GPX

MALGA PALA

TRACCIA GPX

Vista su passo Rolle dalle Crode Rosse.

18) Anello della Pala di San Martino

Un itinerario spettacolare che gira attorno alla Pala di San Martino, percorrendo i rifugi Rosetta e Pradidali, in ambiente lunare dolomitico privo di vegetazione, davvero suggestivo.

Il rifugio Rosetta Pedrotti.

SCHEDA TECNICA:

Partenza: **Stazione a monte Funivie Rosetta 2700 mt** Tipologia: **anello** Dislivello **400 D+ 1400 D-Lunghezza: 15 km** Quota massima: **Funivie Rosetta 2700 mt** Tempi: **6 h** Segnaletica: **ottima** Difficoltà: : **medio-difficile, per via del tratto esposto e del dislivello negativo** Punti d'appoggio: **rifugio Pedrotti 2581 mt, Rifugio Pradidali 2278 mt** Cime percorse: **nessuna** Segnavia: **709 – 715 – 702** Gruppo: **Pale di San Martino** Cartografia: **Tabacco 1:25.000, foglio 22, Pale di San Martino** Periodo consigliato: **estate** Adatto ai cani: **no** Presenza d'acqua: **no**

INTRODUZIONE:

Una delle più belle escursioni che si possono fare a San Martino di Castrozza è sicuramente l'anello della Pala di San Martino, itinerario che, dalla stazione a monte delle funivie Rosetta, porta al rifugio Pedrotti e al rifugio Pradidali, passando per il passo Pradidali Basso e rientrando a San Martino per il passo di Ball e la Val di Roda. La difficoltà dell'escursione è medio difficile, per due motivi principalmente. Il primo, è per il notevole dislivello negativo, dovuto al rientro a San Martino, non adatto a chi soffre particolarmente le lunghe

Il rifugio Pradidali e il Sass Maor.

discese. Tutto questo dislivello negativo, volendo è possibile evitarlo proseguendo verso le funivie Rosetta al bivio che scende per la val di Roda, dopo il tratto attrezzato al passo di Ball. A discapito di ciò bisogna tenere conto che la funivia chiude abbastanza presto e si rischia di perderla. Il secondo motivo per cui quest'itinerario ad anello è medio difficile è per via del tratto attrezzato dopo il passo di Ball. I punti attrezzati per la precisione sono due, dov'è presente un cordino metallico per assicurarsi. Serve l'imbrago per fare questo tratto? Dipende. Il sentiero è abbastanza largo e di facile progressione, sta di fatto che a lato c'è un bel strapiombo a cui fare attenzione. La maggior parte delle persone lo percorre senza imbrago, tenendosi unicamente sulla fune metallica. Se invece si soffre di vertigini o non si è molto pratici di montagna è consigliato l'uso. Infine, un'ultima cosa da fare particolare attenzione, è che essendo una progressione su roccette, molto spesso non è evidente il sentiero da seguire; quindi, bisogna tenere d'occhio i vari segnavia biancorossi, sempre ben presenti lungo la traccia. L'altopiano delle Pale di San Martino rimane comunque un ambiente magico, che merita sicuramente di essere visitato, sia per il panorama straordinario, sia per il paesaggio lunare circostante. Si cammina infatti in ambiente sempre privo di vegetazione, circondato da guglie e torrioni, percorrendo vallate di origine glaciale con un silenzio ovattato, che sembra di essere alienati dal mondo a valle. Il

La Fradusta e il ghiacciaio.

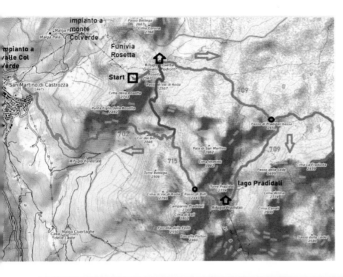

panorama è scontato dirlo che è superlativo. Oltre alle innumerevoli torri delle Pale di San Martino, si spazia dal Latemar al Catinaccio, dal Civetta alla Parete sud della Marmolada, al Sass de Mura e Cimonega e sulle vette del Lagorai. Infine, si può osservare anche l'ormai ritirato ghiacciaio della Fradusta, sulla parete nord dell'omonima cima.

L'ESCURSIONE IN DETTAGLIO:

Raggiunto San Martino di Castrozza, si lascia l'auto al parcheggio delle funivie, si prende la cabinovia Col Verde e la Funivia Rosetta che porta a 2700 mt d'altitudine. Raggiunto gli impianti a monte, si scende leggermente di quota e, in 10 minuti, si raggiunge il rifugio Rosetta Pedrotti a 2581 mt, visibile fin da subito. Dal rifugio Pedrotti si seguono le indicazioni per il rifugio Pradidali e per il Passo Pradidali Basso, segnavia 709. Da qui, iniziano una serie di saliscendi su roccette, con sentiero un po' sconnesso, da fare attenzione ai segnavia biancorossi dipinti sulle rocce. Dopo un'ora di cammino, dal rifugio Pedrotti si raggiunge il Passo Pradidali Basso a 2658 mt, ai piedi della Fradusta. Si continua a scendere seguendo sempre le indicazioni per il rifugio Pradidali, percorrendo una vallata di origine glaciale circondata dalle guglie delle Pale di San Martino. Dopo averlo notato in lontananza, si raggiunge prima il lago Pradidali e poi il rifugio Pradidali, a 2278 mt, dopo due ore abbondanti di cammino. Dal rifugio Pradidali si seguono le indicazioni per il passo di Ball, visibile già dal rifugio, segnavia 715. Dopo circa mezz'ora di salita e 200 D+ dal rifugio Pradidali lo si raggiunge, a 2443 mt. Ora, inizia la parte di sentiero attrezzato che scende dolcemente di quota

Cima Rosetta e l'arrivo della funivia.

e dove bisogna fare particolare attenzione anche se, nei tratti esposti, è presente una fune metallica per aiutare la progressione. Superati i due tratti attrezzati si continua il leggera discesa fino a giungere al bivio che scende a San Martino di Castrozza. Da qui mancano due ore per la discesa. Preso il sentiero 702, che scende a San Martino, iniziano una serie innumerevoli tornanti che perdono velocemente di quota, scendendo a zig-zag per la val di Roda. Man mano che si scende, la vegetazione comincia a ricomparire, dai pini mughi, inizialmente, agli abeti. Superata anche una piccola galleria, si entra nel bosco e ormai seguendo le indicazioni per cabinovia Col Verde, San Martino di Castrozza, si rientra al punto iniziale dell'itinerario

Tratto esposto.

VARIANTI:

Variante azzurra: Dall'arrivo della funivia Rosetta è possibile fare una brevissima deviazione per cima Rosetta.

Variante blu: Come anticipato sopra si può evitare la lunga discesa rientrando alla funivia Rosetta continuando lungo il sentiero 715 anziché deviare per il 702.

Variante viola: Dal passo Pradidali Basso si può fare un'ulteriore deviazione a cima Fradusta, facendo ciò, l'escursione diventa davvero lunga

TIMBRI DEI RIFUGI E TRACCIA GPX

RIFUGIO PEDROTTI

RIFUGIO PRADIDALI

TRACCIA GPX

19) Malga Fossetta passo del Palughet

Da passo Cereda si sale nei pressi di Malga Fossetta per deviare al passo del Palughet, dove si scorgono bellissime vedute sul Piz de Sagron e sul Sass de Mura, vette delle Dolomiti Bellunesi.

Malga Fossetta.

SCHEDA TECNICA:

Partenza: **Passo Cereda 1360 mt** Tipologia: **anello** Dislivello: **550 D+** Lunghezza: **7.5 km** Quota massima: **Passo del Palughet 1860 mt** Tempi: **3 h senza le soste** Segnaletica: **discreta** Difficoltà: **media** Punti d'appoggio: **Malga Fossetta 1550 mt,** Cime percorse: **nessuna** Segnavia: **729** Gruppo: **Dolomiti Bellunesi** Cartografia: **Tabacco 1:25.000, foglio 22, Pale di San Martino** Periodo consigliato: **tutto l'anno tranne in inverno con la neve** Adatto ai cani: **si, se abituati a progressione su roccette e terreno scosceso** Presenza d'acqua: **no**

INTRODUZIONE:

Un'interessante escursione ad anello, tra il Primiero e l'Agordino, è raggiungere il passo del Palughet e malga Fossetta, da passo Cereda. L'itinerario è abbastanza breve, come lunghezza sono 7.5 km, con uno sviluppo di 550 mt di dislivello. L'escursione è di media difficoltà per via del sentiero di salita,

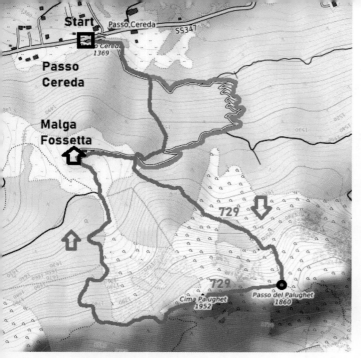

che risulta molto ripido. Bisogna, inoltre, superare diverse roccette e un canalone ghiaioso per raggiungere il passo. Questi punti leggermente esposti sono comunque facilmente superabili, semplicemente non si tratta di una strada forestale. La segnaletica è discreta per via di alcuni motivi. Il sentiero è a tratti è ben segnato e a tratti no. Nella parte di salita in mezzo al bosco ci sono varie tracce di sentiero che, anche se segnate, potrebbero fuorviare il percorso. Infine, superato il passo del Palughet, e dopo aver percorso tutta la cengia del Palughet, si giunge ad un bivio dove il percorso che scende alla malga è segnato solo da un bollino rosso. Il punto forte di quest'escursione rimane comunque il panorama che si può godere lungo la cresta del Palughet: splendide vedute sul Piz de Sagron e sul Sass de Mura, vette delle Dolomiti Bellunesi. Finale di quest'escursione è malga Fossetta, una malga tipica del Primiero che offre il classico "Polenta e Tosela".

L'ESCURSIONE IN DETTAGLIO:

Salendo da Agordo, o Fiera di Primiero, si arriva a passo Cereda a 1360 mt, dove si può parcheggiare. Dal passo sono presenti subito le indicazioni per Malga Fossetta e Passo del Palughet, segnavia 729, indicando come tempi 1.40 h per raggiungere il passo. Si sale lungo la stradina asfaltata che porta a malga Fossetta fino a giungere alla prima deviazione che taglia la salita in mezzo al bosco. In venti minuti di ripida salita, sotto il bosco di abeti e faggi, si giunge nei pressi della malga fino a vederla. Prima di raggiungerla, sulla sinistra, è presente il sentiero che porta al passo del Palughet. Si svolta quindi a sinistra, continuando a salire in mezzo al bosco, con alcuni scorci sui paesi limitrofi al passo Cereda. Superato un altro tratto

Il passo del Palughet.

72

Il Piz de Sagron.

di bosco, bisogna superare diverse roccette su un ghiaione di un torrente secco, per poi procedere lungo un sentiero, sempre ripido, su cenge erbose fino a giungere al passo del Palughet a 1860 mt, dopo un'ora e mezza dalla partenza. Dal passo si continua a destra, continuando il naturale sviluppo del sentiero. Si percorre ora la lunga cresta del Palughet, con spettacolari vedute sul Piz de Sagron, sul Sass de Mura e sulla chiusa vallata sottostante. Si procede lungo un falsopiano, seguendo le indicazioni "Fossetta", fino a giungere un bivio che taglia deciso a destra, segnato solo da un bollino rosso sbiadito. Lo si prende scendendo ripidamente di quota lungo un sentiero un po' scosceso e, dopo 50 minuti dal passo del Palughet, si ritorna a malga Fossetta a 1556 mt s.l.m. Per il ritorno si può procedere per lo stesso sentiero di salita o si può rientrare lungo la strada asfaltata che scende più dolcemente al passo.

VARIANTI:

Per fare un'escursione più facile è possibile raggiungere malga Fossetta in soli 40 minuti a piedi da passo Cereda, senza andare al passo del Palughet.

Variante azzurra: è possibile evitare il tratto ripido di salita, o discesa, che porta a malga Fossetta proseguendo per la stradina asfaltata che sale alla malga che ha pendenze molto più ridotte.

TIMBRI DEI RIFUGI E TRACCIA GPX

MALGA FOSSETTA

TRACCIA GPX

20) Rifugio Laresei
Col Margherita

L'escursione al col Margherita e al rifugio Laresei porta a un punto estremamente panoramico attraverso un facile sentiero, percorribile da tutti. Una vista a 360 gradi sulle Dolomiti.

Il rifugio Laresei. Sotto, prime indicazioni.

SCHEDA TECNICA:

Partenza: Passo Valles 2031 mt **Tipologia:** andata/ritorno **Dislivello** 450 D+ **Lunghezza:** 11.5 km **Quota massima:** Col Margherita 2550 mt **Tempi:** 3.5 h **Segnaletica:** ottima **Difficoltà:** facile **Punti d'appoggio:** rifugio Laresei 2250 mt, rifugio In Alto 2608 mt **Cime percorse:** Col Margherita 2550 mt **Segnavia:** 658 – 695 **Gruppo:** Lusia Bocche **Cartografia:** Tabacco 1:25.000, foglio 22, Pale di San Martino **Periodo consigliato:** tutto l'anno **Adatto ai cani:** si **Presenza d'acqua:** no

INTRODUZIONE:

Se ci si trova nei pressi di San Martino di Castrozza, o Falcade, un facile itinerario per raggiungere uno stupendo punto panoramico è l'escursione che porta al Col Margherita e al rifugio Laresei, da Passo Valles. L'escursione è facile. Il dislivello positivo è di 450 D+ per una lunghezza di 11.5 km. Si percorrono esclusivamente ampie strade sterrate dalla dolce pendenza prive di

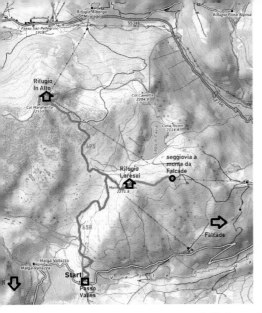

pericoli. L'unico punto negativo è che non è presente ombra, di conseguenza si è sempre sotto al sole. Il panorama a 360 gradi rimane comunque il piatto forte di quest'escursione. Raggiunto il Col Margherita si ha di fronte, verso nord, tutta la parete sud della Marmolada e la catena del Costabella. A sinistra della Marmolada si notano con facilità il Latemar e il Catinaccio. A destra ci sono gli inconfondibili profili di Pelmo e Civetta. A sud invece è presente tutto il gruppo delle Pale di San Martino con il Mulaz, l'Agner e Cimon della Pala. Infine, si ha un bellissimo panorama dall'alto sul Passo San Pellegrino e si notano con facilità il rifugio Passo Le Selle e il rifugio Fuciade. Ai piedi del rifugio Laresei, inoltre, è presente un bacino artificiale, cioè il lago di Cavia.

L'ESCURSIONE IN DETTAGLIO:

Raggiunto il passo Valles da Falcade, o da San Martino di Castrozza, o da Predazzo in val di Fiemme, si lascia l'auto nel parcheggio del passo e ci si incammina seguendo le indicazioni per il rifugio Laresei, segnavia 658. Dopo 40/50 minuti di ampia carrareccia, che sale dolcemente, si giunge al bivio per il rifugio Laresei, o per il Col Margherita. Da qui si nota già l'arrivo della funivia che sale al Col Margerita dal passo San Pellegrino. Si procede a sinistra puntando il Col Margherita, segnavia 695, e lo si raggiunge dopo due ore scarse dal passo Valles, attraversando i verdi prati divisi dal ciottolame porfirico del gruppo Lusia Bocche.

Il sentiero con vista sulle Pale di San Martino.

Raggiunto il Col Margherita e il rifugio in Alto, a 2550 mt, si torna indietro

fino al bivio per il rifugio Laresei. Raggiunto il bivio si procede al rifugio che dista appena a 10 minuti da esso. Ai suoi piedi è presente anche il lago di Cavia. Per il ritorno si torna al bivio e si scende al passo Valles per la stessa strada effettuata all'andata.

La Marmolada e la conca del Fuciade.

VARIANTI:

Variante azzurra: Il rifugio Laresei dista anche a 15 minuti prendendo la cabinovia e Seggiovia che partono da Falcade.

TIMBRI DEI RIFUGI E TRACCIA GPX

RIFUGIO LARESEI

Indicatore di cime al col Margherita.

RIFUGIO IN ALTO

TRACCIA GPX

21) Baita Col Mont rifugio Cacciatori

Escursione ad anello tra le Dolomiti di Falcade che porta alla Baita Col Mont e al rifugio Baita dei Cacciatori. Ai piedi delle cime d'Auta splendido panorama sulle Pale di San Martino e Civetta.

Baita Col Mont.

SCHEDA TECNICA:

Partenza: **Fedér 1250 mt** Tipologia: **anello** Dislivello: **750 D+** Lunghezza: **8.5 km** Quota massima: **Baita Col Mont 1954 mt** Tempi: **3.5 h** Segnaletica: **buona, tranne al paese di Fedér che manca** Difficoltà: **medio-difficile** Punti d'appoggio: **Baita Col Mont 1954 mt e rifugio Baita dei Cacciatori 1745 mt** Cime percorse: **nessuna** Segnavia: **687 – 697 – 689** Gruppo: **Cime d'Auta, Marmolada** Cartografia: **Tabacco 1:25.000, foglio 15, Marmolada, Pelmo, Civetta, Moazza** Periodo consigliato: **primavera, estate e autunno** Adatto ai cani: **si (tratti esposti e molto scivolosi da fare attenzione)** Presenza d'acqua: **si, fontanella in entrambe le baite**

INTRODUZIONE:

L'escursione alla Baita Col Mont e al rifugio Baita dei Cacciatori è un bellissimo trekking da fare sulle Dolomiti di Falcade, più precisamente ai piedi delle Cime d'Auta, gruppo Marmolada. L'escursione sarebbe un itinerario di media difficoltà, ma la traversata dalla Baita Col Mont al rifugio Cacciatore presente dei tratti un po' esposti e soprattutto molto scivolosi, da portare la difficoltà a medio difficile. In questo tratto il fondo del sentiero è formato da una fanghiglia che se ha piovuto da poco bisogna fare particolare

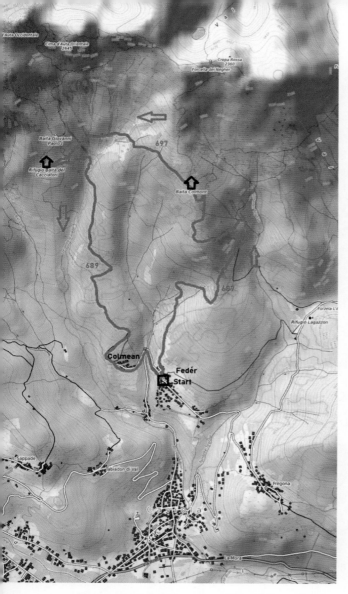

attenzione. È fattibile anche con il cane, anche se bisogna fare molta attenzione ed essere abbastanza abituati a percorsi in montagna accompagnati. In generale, comunque, è veramente una bella escursione. Poco frequentata e con un balcone bellissimo su tutta la valle del Biois e le Dolomiti che la circondano. Oltre alle cime d'Auta, alle spalle dei rifugi, si ha una vista lodevole sul Civetta e sulle Pale di San Martino, con una nota di riguardo su Mulaz, Pale del Focobon e tutto l'altopiano delle Pale. In lontananza si vede anche il Col Margherita e Forca Rossa. I rifugi che si visitano durante questa gita sulle Dolomiti sono davvero caratteristici. La Baita Col Mont è un bivacco alpino situato in uno splendido pianoro erboso, molto rustico e confortevole. Mentre il rifugio Baita dei Cacciatori è restaurato veramente bene, un perfetto punto di ri-

storo per gli escursionisti. Tutto l'itinerario è abbastanza segnato bene, tranne il tratto iniziale in paese che manca un'indicazione.

L'ESCURSIONE IN DETTAGLIO:

Per fare l'escursione alla Baita Col Mont e al rifugio Cacciatori si parte dal piccolo paese di Fedér a 1250 mt. Se si arriva da Agordo, si prosegue fino a Cencenighe e si devia per Falcade. Superato Canale d'Agordo, prima di

Rifugio Cacciatori.

raggiungere Falcade, si devia per Claviola e, percorrendo tutto la vallata interna, (via cime d'Auta) si giunge al piccolo paese dov'è presente una piccola piazzetta dove lasciar l'auto. Volendo sono presenti ulteriori parcheggi sia prima che dopo. Lasciata l'auto alla piazzetta principale si torna indietro leggermente e si svolta nella stradina asfaltata a nord appena entrati in paese. Da qui si superano alcune antichi tabià restaurati e, finita la strada, si percorre un sentiero a lato dell'ultima casa che si inoltra per un verde prato, sentiero 687. Fin quasi da subito ci si inoltra nel fitto bosco e ci si immette in un sentiero dove sono presente le prime indicazioni per "Col Mont". Da qui il sentiero, che ricorda una mulattiera, si sviluppa con una pendenza ripida e costante in mezzo al bosco per sbucare all'improvviso alla Baita Col Mont dopo circa 1.5 ore di cammino. Questo è anche il punto più alto dell'escursione, ovvero 1954 mt. Dalla Baita si procede verso nord, per poi subito tagliare di netto a sinistra, sentiero 697, dove inizia il tratto esposto e scivolo. Qui, facendo abbastanza attenzione, si superano alcuni tratti fangosi e si gaudano alcuni torrentelli che scendono dalla montagna. In uno di essi è presente anche un abete schiantato a terra da superare con attenzione. Dopo 40 minuti circa, in leggera discesa si giunge al rifugio Baita dei Cacciatori a 1745 mt. Dal rifugio Baita dei Cacciatori si scende seguendo le indicazioni per Colmean, sentiero 689, e per larga carrareccia si raggiunge questa

località. Ormai l'escursione è terminata e per strada asfaltata si torna al punto di partenza al paese di Fedér.

VARIANTI:

Se si vuole invece fare un'escursione più facile e meno esposta è possibile salire solamente al rifugio Baita dei Cacciatori. Per fare ciò consiglio di partire direttamente dalla località Colmean, dov'è presente un parcheggio.

Falcade, Focobon e Mulaz.

TIMBRI DEI RIFUGI E TRACCIA GPX

BAITA DEI CACCIATORI

TRACCIA GPX

22) Orrido delle Comelle Viaz del Bus

Da Capanna Cima Comelle si visitano le due cascate delle Comelle. Si risale l'orrido delle Comelle fino a giungere al Pian delle Comelle. Si rientra per il Viaz del Bus, passando per malga Valbona.

Il "Bus" che da il nome al sentiero.

SCHEDA TECNICA:

Partenza: **Rifugio Capanna Cima Comelle 1333 mt. Val Garés** Tipologia: **anello** Dislivello: **700 D+** Lunghezza: **8 km** Quota massima: **lungo il Viaz del Bus 1960 mt** Tempi: **3.5 h** Segnaletica: **ottima** Difficoltà: **media** Punti d'appoggio: **Rifugio Capanna Cima Comelle, al punto di partenza** Cime percorse: **nessuna** Segnavia: **704 – 756** Gruppo: **Pale di San Martino** Cartografia: **Tabacco 1:25.000, foglio 22, Pale di San Martino** Periodo consigliato: **estate** Adatto ai cani: **no** Presenza d'acqua: **no, se non lungo i vari torrenti**

INTRODUZIONE:

Un'escursione davvero interessante da fare in Val Garés, vicino Falcade, è visitare le cascate delle Comelle, percorrere l'orrido delle Comelle e tornare a Garés per il "Viaz del Bus". L'escursione non è di per sé difficile. Il dislivello non è molto, 700 mt D+, e la lunghezza totale è di soli 8 km, relativamente breve. La parte difficile è data dal fatto che si percorrono dei tratti un po' esposti lungo un sentiero attrezzato, il quale richiede il kit da ferrata.

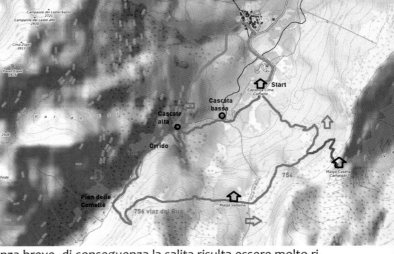

Rimane comunque un sentiero attrezzato di facile progressione e non una ferrata. Un'altra cosa da tenere in considerazione è che il dislivello si sviluppa in una distanza breve, di conseguenza la salita risulta essere molto ripida. Oltre al panorama notevole sulle Pale di San Martino, su Garés e Canale d'Agordo, la cosa più sorprendente di questa escursione è che l'ambiente circostante cambia in maniera repentina. Si parte infatti nella verde e pianeggiante valle di Garés, per poi percorrere un sentiero bello ripido che porta a due imponenti e spettacolari cascate: le cascate delle Comelle. Superate le due cascate l'ambiente cambia ancora, si deve oltrepassare un orrido tra i più belli delle Dolomiti. L'orrido delle Comelle. Qui si risale il torrente tra verticali pareti, superando varie scalette, ponti e qualche ripido tratto su roccia, fino a giungere al Pian delle Comelle. Qui il panorama, dalle strette pareti dell'orrido, si apre in questo splendido pianoro di origine glaciale circondato dalle vette delle Pale di San Martino, che ricordano delle mura di un castello. Si percorre poi il "Viaz del Bus", un sentiero che rientra a Garés lungo una cengia esposta. Si passa da un piccolo foro formato da rocce cadute a cui danno il nome a questo viaz. Questo tratto è ancora una

Cascata alta delle Comelle.

parte attrezzata. Infine, si rientra per malga Valbona e qui il panorama cambia ancora. Si passa infatti dalla grigia Dolomia a una roccia scura e nera, di origine vulcanica, che riaffiora tra i verdi prati che circondano la malga. Davvero un'escursione caratteristica.

L'ESCURSIONE IN DETTAGLIO:

Raggiunto Canale d'Agordo, si prosegue percorrendo tutta la val Garés, fino a giungere al piccolo abitato. Da qui

81

Cascata bassa delle Comelle.

si svolta sulla sinistra fino a raggiungere il rifugio Capanna Cima Comelle (1333 mt) dove si può lasciare l'auto in un parcheggio davvero ampio. Dal rifugio Capanna Cima Comelle si seguono le indicazioni per le cascate e, dopo aver superato un ponticello e qualche tronco, si arriva con facilità alla prima cascata delle Comelle, la cascata Bassa. Ammirata questa spettacolare cascata si torna leggermente indietro e si seguono le indicazioni per la cascata alta. In poco tempo, dopo aver percorso un tratto molto ripido fatto di scalinate, la si raggiunge. Da qui è possibile anche rientrare direttamente a Garés per un sentiero in mezzo al bosco. Dalla cascata alta si svolta in maniera decisa a sinistra, seguendo le indicazioni per l'orrido e, dopo aver fatto un lungo tornate, si arriva all'imbocco della stretta gola, trovando un ponte metallico che attraversa il torrente che scende dall'orrido e forma le due cascate. Si supera il ponte e qui iniziano varie scalette e tratti esposti dove bisogna un po' "arrampicare", lasciandosi il torrente sulla sinistra. Si prosegue fino a sbucare sul Pian delle Comelle, dopo un'ora e mezza circa dalla partenza. Da qui si percorre un tratto piano, lungo la bianca ghiaia che forma il pian delle Comelle, fino a trovare su un masso le indicazioni dipinte per il "Viaz del Bus". Ora si risale in maniera decisa, sulla sinistra, un ripido ghiaione. Se si prosegue dritto si può arrivare fino al rifugio Pedrotti Rosetta. Arrivati all'apice del ghiaione del viaz del bus, si continua lungo una cengia attrezzata ed esposta, passando sotto al famoso "bus" che da il nome al sentiero. Superata la cengia, il sentiero sale ancora un po' in mezzo al bosco, per poi scendere in maniera decisa fina a incrociare il sentiero 756. (altro sentiero che sale sempre al Rosetta da Garés) Da

Ingresso all'orrido delle Comelle.

Tratto attrezzato lungo il "Viaz".

qui si seguono le indicazioni per Garés, e in poco tempo si giunge anche a malga Valbona a 1780 mt. Ora si percorre l'altro versante della montagna, rimanendo sullo stesso sentiero. Scrutando il panorama si possono notare dall'alto le due cascate delle Comelle. Si prosegue sempre lungo il sentiero fino ad intercettare anche il sentiero che sale a casera Campigat e Forcella Cesurette. Da qui si scende velocemente a Capanna Cima Comelle, punto di partenza di quest'itinerario.

VARIANTI:

Variante azzurra: Per fare un'escursione più breve e facile, evitando il tratto attrezzato, dalla cascata alta delle Comelle è possibile rientrare a Garés per poi riscendere a Capanna Cima Comelle.

Variante blu: Dopo malga Valbona, è possibile fare una breve deviazione salendo a Forcella Censurette e Casera Campigat.

TIMBRI DEI RIFUGI E TRACCIA GPX

CAPANNA CIMA COMELLE

La cascata alta vista dal sentiero di ritorno.

TRACCIA GPX

23) Rifugio Bianchet

Escursione in Agordino che porta a visitare uno splendido rifugio ai piedi della Schiara, montagna simbolo di Belluno.

Il rifugio Bianchet. Sotto la Schiara e la Gusela del Vescovà.

SCHEDA TECNICA:

Partenza: **vicino la Stanga, lungo la statale Agordina, 450 mt** Tipologia: **andata/ritorno** Dislivello: **850 D+** Lunghezza: **16 km** Quota massima: **Rifugio Bianchet 1250 mt** Tempi: **2.5 ore per la salita, 1.5 ore per la discesa** Segnaletica: **ottima** Difficoltà: **media** Punti d'appoggio: **Rifugio Bianchet 1250 mt** Cime percorse: **nessuna** Segnavia: **503** Gruppo: **La Schiara** Cartografia: **Tabacco 1:25.000, foglio 24, Prealpi e Dolomiti Bellunesi** Periodo consigliato: **tutto l'anno, evitando in estate i periodi molto caldi viste le basse altitudini** Adatto ai cani: **si** Presenza d'acqua: **alcune sorgenti lungo il sentiero e fontanella al rifugio**

INTRODUZIONE:

Un interessante itinerario da fare nell'Agordino/Bellunese è la salita al rifugio Bianchet. Il sentiero è privo di pericoli ed esposizioni, in quanto si cammina quasi esclusivamente su una carrareccia, ma la lunghezza di 16 km e il dislivello di 850 metri positivi, considerando i vari saliscendi, rendono comunque quest'escursione abbastanza impegnativa. Sta di fatto, che essendo una strada forestale, la pendenza di tutto il percorso non è mai elevata e presenta anche alcuni tratti in piano. Dal momento che si risale una stretta e lunga vallata, principalmente in mezzo al bosco di

faggi e abeti, il punto forte di quest'itinerario è l'arrivo al rifugio Bianchet. Infatti, il rifugio Furio Biachet si trova in uno splendido pianoro verde con una vista spettacolare sulla Schiara, montagna simbolo di Belluno. Inoltre, dal rifugio è ben visibile la caratteristica "Gusela del Vescovà", un piccolo torrione stretto e verticale inconfondibile alla vista. "Gusela" appunto significa ago.

L'ESCURSIONE IN DETTAGLIO:

I punti di partenza per raggiungere il rifugio Bianchet dalla strada Agordina sono 2 e si trovano leggermente distanti tra loro, tra le osterie tipiche del posto, che sono la Stanga e la Muda. Entrambi i parcheggi sono ben visibili e segnati dai classici cartelli CAI biancorossi con indicazione rifugio Bianchet. Se si lascia l'auto nel secondo parcheggio (a 450 metri s.l.m. circa), più ampio rispetto al primo, si sale lungo la stradina asfaltata che in poco tempo diventa sterrata costeggiando da nord a sud la parete della montagna. Il sentiero è uno solo ed è sempre ben segnato, segnavia 503. Dopo circa mezz'oretta si incrocia il sentiero che sale dal primo parcheggio, più ripido e diretto rispetto al secondo, e virando verso est, ci si inoltra verso la lunga e stretta vallata che porta al rifugio Bianchet. Qui il sentiero è abbastanza monotono e sale in mezzo al bosco lungo la stradina forestale passando per alcuni tratti in mezzo al bosco e alcuni tratti sotto il sole. È possibile tagliare alcuni tornanti della stradina per un sentiero in mezzo al bosco. Si continua a salire con costanza superando diverse cascatelle e rii fino a giungere, quasi d'improvviso, dopo un lungo tratto in semi pianeggiante al rifugio Bianchet a 1250 mt. Per il ritorno si procede per la stessa strada effettuata all'andata.

TIMBRI DEI RIFUGI E TRACCIA GPX

RIFUGIO BIANCHET

TRACCIA GPX

24) Capanna degli Alpini cascata delle Pile

Da Calalzo di Cadore si risale la val d'Oten per raggiungere il rifugio Capanna degli Alpini, tra il monte Antelao e le Marmarole.

Il rifugio Capanna degli Alpini.

SCHEDA TECNICA:

Partenza: **Pracia de Lan, Bar alla Pineta 1050 mt** Tipologia: **andata/ritorno** Dislivello: **400 D+** Lunghezza: **11 km** Quota massima: **Cascata delle Pile 1400 mt circa** Tempi: **3 ore a+r** Segnaletica: **ottima** Difficoltà: **3 ore a+r** Punti d'appoggio: **Rifugio Capanna degli Alpini 1395 mt** Cime percorse: **nessuna** Segnavia: **255** Gruppo: **Antelao – Marmarole** Cartografia: **Tabacco 1:25.000, foglio 16, Dolomiti del Centro Cadore** Periodo consigliato: **tutto l'anno** Adatto ai cani: **si** Presenza d'acqua: **fontanella alla Capanna degli alpini e vari torrenti che attraversano il sentiero**

INTRODUZIONE:

Un facile e rilassante itinerario da fare nel Cadore è raggiungere il rifugio Capanna degli Alpini, in val d'Oten, a Calalzo di Cadore. Il sentiero è facile, tra andata e ritorno sono 11 km e in un'ora e mezza lo si raggiunge. Si percorre principalmente una strada forestale, molto ampia e priva di pericoli che porta al rifugio Capanna degli Alpini. Viste le basse altitudini e i pochi tratti all'ombra è preferibile fare quest'itinerario nelle giornate meno calde, magari con qualche nuvola, o nelle stagioni non estive. Quest'itinerario è molto indicato anche da fare con le ciaspole, visto la conformità del territorio. Il panorama che si può ammirare lungo il tragitto è verso le Marmarole

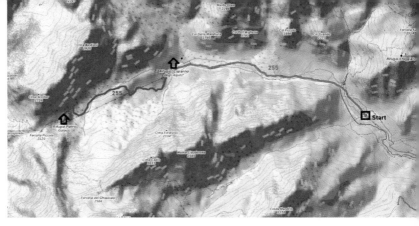

e il monte Antelao che circondano la val D'Oten. Inoltre, in lontananza, si notano gli spalti di Toro. Un'altra attrazione di quest'itinerario è raggiungere la cascata delle Pile a neanche 20 minuti da rifugio. Qui bisogna fare particolare attenzione, in quanto bisogna salire dei tratti esposti e diversi gradoni in ferro abbastanza scivolosi, specie negli anni piovosi o se ha piovuto. Quest'ultimo tratto non è raggiungibile dai cani.

L'ESCURSIONE IN DETTAGLIO:

Per raggiungere il punto di partenza di quest'itinerario, da Calalzo di Cadore si seguono le indicazioni con scritto "rifugi" e si raggiunge il bar alla Pineta alla fine di una lunga e stretta stradina asfaltata che risale la val D'Oten. Parcheggiato, sono subito presenti le indicazioni che portano ai vari rifugi, tra cui Chiggiato, Antelao e Galassi. Si prosegue seguendo il segnavia 255 che risale lungo la stradina forestale. Si continua lungo la carrareccia attraversando varie volte ruscelletti d'acqua e alternando sporadici tratti ombreggiati al bosco a più ampi tratti sotto il sole, lungo i ghiaioni della val d'Oten fino a raggiungere dopo un'ora e mezza e 400 metri di dislivello il rifugio Capanna degli Alpini a 1395 mt. Dal rifugio si continua seguendo le indicazioni per la cascata delle Pile risalendo uno stretto ed esposto canyon che porta alla cascata. Per raggiungerla bisogna risalire un tratto attrezzato con cordino e da vari appigli e gradoni in ferro. Per il ritorno si procede per la stessa strada effettuata all'andata.

VARIANTI:

Variante blu: è possibile rendere l'escursione molto più impegnativa proseguendo lungo il sentiero 255 e salendo al rifugio Galassi a 2018 mt.

TIMBRI DEI RIFUGI E TRACCIA GPX

CAPANNA DEGLI ALPINI

TRACCIA GPX

25) Rifugio Galassi
rifugio San Marco

Un itinerario tosto, ma tra i più belli delle Dolomiti. Da San Vito di Cadore si sale ai rifugi Scotter, San Marco e Galassi, ai piedi del re delle Dolomiti: il monte Antelao.

Il rifugio Galassi.

SCHEDA TECNICA:

Partenza: **Baita Sunbar 1100 mt, San Vito di Cadore** Tipologia: **anello** Dislivello **1100 D+** Lunghezza: **16 km** Quota massima: **Forcella Piccola 2120 mt** Tempi: **6 ore** Segnaletica: **ottima** Difficoltà: **difficile** Punti d'appoggio: **Rifugio Scotter 1580 mt, rifugio San Marco 1823 mt, rifugio Galassi 2018 mt** Cime percorse: **nessuna** Segnavia: **228 – 227 – 229** Gruppo: **Antelao** Cartografia: **Tabacco 1:25.000, foglio 16, Dolomiti del Centro Cadore** Periodo consigliato: **estate** Adatto ai cani: **si, se è abituato a percorsi montani anche esposti** Presenza d'acqua: **no**

INTRODUZIONE:

Un'escursione a dir poco spettacolare, che da grande soddisfazione è raggiungere il rifugio Galassi da San Vito di Cadore, passando per i rifugi San Marco e Scotter. L' escursione è bella tosta, il dislivello complessivo arriva a 1100 D+ e, compiendo l'anello, si fanno ben 16 km. Il punto forte di quest'itinerario è sicuramente il panorama e il paesaggio che lo circonda. Fin da subito, salendo al rifugio Scotter, si hanno splendide vedute dall'alto su San Vito di Cadore e sul monte Pelmo che fa da padrone. Inoltre, si notano con

facilità anche le Tofane. Poi man mano che si sale appare in maniera possente il monte Antelao, che, con i suoi 3264 mt, è la seconda vetta più alta delle Dolomiti. Il tratto più bello comunque rimane la parte che dal fiabesco rifugio San Marco taglia in orizzontale l'infinito ghiaione che porta a forcella Piccola, prima del rifugio Galassi. Questo tratto con le imponenti pareti di cima Scotter e del monte Antelao, specie se è carico di neve, ricordano qualche scenario himalayano. Questa parte che attraversa il ghiaione non è da sottovalutare. È abbastanza esposta ed è facile scivolare, visto la franosità del terreno. Inoltre, dopo aver superato il rifugio San Marco, il percorso è tutto esposto al sole, cosa da non sottovalutare. Superata la Forcella Piccola occorre scendere di 100 metri di dislivello per raggiungere dov'è posizionato il rifugio Galassi ai piedi del monte Antelao, con uno sguardo verso le Marmarole e la val d'Oten.

L'ESCURSIONE IN DETTAGLIO:

Raggiunto il centro di San Vito di Cadore, si sale in auto fino a raggiungere la Baita Sunbar, poco prima degl'impianti sciistici di San Vito, e si lascia l'auto nell'ampio parcheggio a 1100 mt. Da qui ci sono due sentieri che salgono al rifugio Scotter, volendo si può fare uno all'andata e uno al ritorno. Entrambi i sentieri sono ampie strade forestali che salgono in maniera costante in mezzo al bosco e, in un'ora, un'ora e mezza, portano al rifugio Scotter a 1580 mt. Prima di raggiungere il rifugio Scotter, è presente la deviazione per il rifugio San Marco, che comincia a salire in maniera decisa in mezzo al bosco. Dopo circa mezz'ora dal rifugio Scotter si

Vista Antelao dal sentiero.

89

Il rifugio San Marco.

giunge al rifugio San Marco a 1823 mt. Subito dietro al rifugio sono presenti le indicazioni per la Forcella Piccola, prossima tappa di quest'itinerario. Dal rifugio San Marco si continua a destra superando un primo tratto abbastanza esposto, ma fattibile, e si procede quasi in piano verso la forcella Piccola. Superato questo primo tratto in piano il sentiero comincia a salire in mezzo al ghiaione fino a incrociare il sentiero diretto che sale al Galassi dal rifugio Scotter. Si continua a salire ora in maniera più decisa e sotto al sole, facendo particolare attenzione visto la franosità del sentiero. Si giunge a Forcella Piccola a 2100 mt. Fino a qui il sentiero è sempre ben segnato dai cartelli e dai segni biancorossi dipinti sui sassi. Superata Forcella Piccola si intravede il rifugio Pietro Galassi e, scendendo leggermente di quota, si arriva a 2018 mt dov'è ubicato. 3.5 ore dalla partenza. Per il ritorno si torna a Forcella Piccola e si scende fino al bivio che taglia direttamente al rifugio Scotter. Qui il sentiero è bello ripido in discesa e, scendendo in mezzo al ghiaione, riporta al rifugio Scotter in poco tempo. Giunti al rifugio si riscende a San Vito. 2.5 ore dal rifugio Galassi.

Il Pelmo e San Vito.

TIMBRI DEI RIFUGI E TRACCIA GPX

RIFUGIO SCOTTER

RIFUGIO SAN MARCO

RIFUGIO GALASSI

TRACCIA GPX

26) Col dei Bos
Gallerie del Lagazuoi

Bellissimo giro a tema Grande guerra tra le Dolomiti di Cortina d'Ampezzo. Percorso impegnativo che porta in cima al Col dei Bos e che passa per le gallerie del Lagazuoi e per la Cengia Martini.

Il Col dei Bos e alcuni baraccamenti della guerra.

SCHEDA TECNICA:

Partenza: **Ristorante Strobel 2050 mt, passo Falzarego** Tipologia: **anello** Dislivello: **800 D+** Lunghezza: **8.5 km** Quota massima: **Rifugio Lagazuoi 2752 mt** Tempi: **5 ore per l'anello** Segnaletica: **ottima** Difficoltà: **difficile** – necessita di kit da ferrata (altrimenti variante blu)Punti d'appoggio: **Rifugio Lagazuoi 2752 mt** Cime percorse: **Col dei Bos 2559 mt** Segnavia: **Ferrata Truppe Alpine – 401 – gallerie Lagazuoi – 402** Gruppo: **Dolomiti d'Ampezzo** Cartografia: **Tabacco 1:25.000, foglio 03, Cortina d'Ampezzo e Dolomiti Ampezzate** Periodo consigliato: **estate** Adatto ai cani: **no** Presenza d'acqua: **no**

INTRODUZIONE:

La ferrata Truppe Alpine al Col dei Bos e la discesa per le gallerie del Lagazuoi è un'escursione fantastica da fare tra le Dolomiti di Cortina d'Ampezzo. Arrampicare tra la roccia delle Dolomiti immersi nel contesto della Grande guerra rende questo trekking davvero completo. Raggiungere la cima del Col dei Bos per la ferrata Truppe Alpine non è facile. Anche le gallerie del Lagazuoi bisogna affrontarle con la giusta preparazione. Il dislivello di 800 mt e la lunghezza dell'intero percorso di 8.5 km fanno sembrare questa

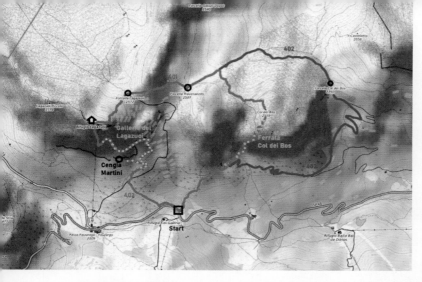

escursione non particolarmente lunga e difficile ma, percorrendo la ferrata, è un'escursione impegnativa. La ferrata Truppe Alpine al Col dei Bos viene classificata moderatamente difficile, specie il primo tratto difficile. Essendo il primo tratto il più impegnativo può far capire fin da subito se si è in grado oppure no di affrontare questa ferrata. La ferrata Truppe Alpine è una ferrata recente, ben ferrata e molto divertente da arrampicare. Presenta alcuni passaggi non banali e non è particolarmente lunga, 300 mt di dislivello per la sola ferrata. 450 mt alla cima del Col dei Bos, considerando l'avvicinamento. Dalla vetta del Col dei Bos il panorama che si ammira è davvero fantastico. Si ha in primo piano la Tofana di Rozes, talmente vicina che sembra di toccarla. Inoltre, la vista sulle dolomiti Ampezzane è davvero unica, circondati da un castello di torri dolomitiche. Anche dal punto di vista storico questa zona è interessante. Il Col dei Bos, infatti, era un avamposto italiano durante la Prima guerra mondiale. Il punto di partenza della ferrata avviene proprio nei baraccamenti italiani durante il conflitto e si possono vedere ancora le caserme e gli edifici dove alloggiavano i soldati, protetti dal fuoco nemico situato a passo Valparola, sul Lagazuoi e in val Travenanzes. Anche attorno alla cima del Col dei Bos sono presenti innumerevoli trincee e gallerie risalenti alla Prima guerra mondiale. La seconda parte dell'itinerario, e cioè quella delle Gallerie del Lagazuoi è altrettanto, se non di più, interessante dal punto di vista storico. Le gallerie del Lagazuoi sono un'intricata serie di cunicoli scavati nel Piccolo Lagazuoi durante il conflitto mondiale. Lo scopo era quello di creare camere di mina e contromina per far saltare la montagna sopra l'avversario. Apice di questa escursione è sicuramente la Cengia Martini. Un "villaggio" militare costruita su una cengia di montagna dove viveva

Tratto della ferrata.

92

La Tofana di Rozes.

un reparto militare italiano. Veramente incredibile da visitare. Sul Lagazuoi gli austriaci si trovano sopra, salendo per il famoso sentiero dei Kaiserjager da passo Valparola. La cengia Martini è una cengia che si trova più o meno a metà via della montagna e che la attraversava. Questa cengia che correva verso il Valparola consentiva agli italiani di attaccare gli austriaci sul passo e sul vicino Sass de Stria rimanendo sempre protetti. Gli austriaci provarono più volte a eliminare la cengia, calandosi dall'alto, lanciando bombe e costruendo camere di scoppio per farla saltare, ma non riuscirono mai a togliere di mezzo gli italiani dalla cengia. Allo stesso tempo gli italiani scavano la montagna per raggiungere il Lagazuoi e conquistarlo. Quest'area è veramente uno dei luoghi più interessanti della grande guerra. Per visitare le gallerie del Lagazuoi è necessario munirsi di torcia in quanto si districano dentro la montagna per oltre un km, con solamente qualche finestra di vedetta, o postazione, ogni tanto.

L'ESCURSIONE IN DETTAGLIO:

Per raggiungere Col dei Bos per la ferrata Truppe alpine bisogna arrivare a passo Falzarego. Se si sale da Cortina, subito prima del passo è presente il ristorante Strobel, dov'è presente un ampio parcheggio dove poter lasciare l'auto. Da qui si se-

La Cengia Martini.

guono le indicazioni per la ferrata Truppe Alpine che si trovano a lato del ristorante. Il sentiero di avvicinamento alla ferrata inizia fin da subito a salire ripidamente e, in poco tempo, si raggiunge la strada militare soprastante del passo Falzarego. Da qui si seguono sempre le indicazioni e, proseguendo in piano, si raggiungono i resti delle baracche militari italiane. Proprio più su di esse inizia la ferrata. A venti minuti dalla partenza si arriva alla base della ferrata e, imbragati con kit da ferrata, imbrago e caschetto, si inizia a scalare la parete del Col dei Bos. I primi 10/15 metri di salita sono i più impegnativi. Si scala una parete bella verticale che fa subito vedere di che pasta è fatta la ferrata. Superato questo tratto il sentiero risulta più semplice, salendo sem-

Le gallerie del Lagazuoi.

pre verticalmente con più appigli e di conseguenza più facilmente arrampicabile. A 2/3 circa del percorso è presente un altro tratto impegnativo, accompagnato da un traverso molto esposto. Giunti quasi alla fine della ferrata è presente, infine, un ultimo tratto bello verticale che scala la parete finale del Col dei Bos. Usciti dalla ferrata dopo due ore dall'attacco, per comodo sentiero si raggiunge la cima del Col dei Bos a 2559 mt. Dopo aver goduto del panorama strepitoso si scende verso nord e, tramite sentiero non cai, si raggiunge il sentiero 401. Da qui si svolta a sinistra per raggiungere forcella Travenanzes a 2507 mt. Da qui, volendo è possibile evitare la salita al Lagazuoi scendendo direttamente a passo Falzarego. Dalla Forcella Travenanzes si prosegue invece per sentiero 401 e, in salita, si raggiunge forcella Lagazuoi a 2573 mt. Qui si è alla base del Piccolo Lagazuoi e per ripido sentiero a zig-zag si guadagna la sua cima dov'è presente anche il rifugio Lagazuoi a 2752 mt, raggiungibile anche da funivia da passo Falzarego. Subito di fianco l'arrivo della funivia sono presenti le indicazioni per il sentiero delle Gallerie del Lagazuoi. Preso il sentiero si inizia a scendere per una cengia leggermente esposta e protetta con cordino metallico che porta all'ingresso della galleria. Qui entrati dalla grande porta inizia il lunghissimo sentiero che scende a passo Falzarego dentro il Piccolo Lagazuoi. In questo tratto bisogna fare particolare attenzione in quanto è buio e il sentiero è formato da alti gradoni scivolosi e bagnati, causati dall'umidità della galleria. Tutto il percorso è protetto da cordino metallico che aiuta la progressione. Lungo il percorso sono presenti delle brevi deviazioni che portano a varie postazioni, baraccamenti interni alla galleria e alle camere di scoppio delle mine. Verso la fine della galleria è presente la deviazione che porta anche alla cengia Martini. Qui il sentiero che porta alla cengia è abbastanza esposto, da fare particolare attenzione. Visitata la cengia si torna in galleria e percorso l'ultimo tratto si raggiunge il sentiero 402 che scende a passo Falzarego dalla forcella Lagazuoi. Qui, infine, si rientra al ristorante Strobel per comodo sentiero.

VARIANTI:

Variante blu: Se si vuole fare quest'escursione ad anello senza però affrontare la ferrata Truppe Alpine è possibile raggiungere la cima del Col dei Bos per sentiero normale proseguendo la strada militare che porta a Forcella Col dei Bos e successivamente alla cima del Col dei Bos.

Se si vuole invece visitare unicamente le gallerie del Lagazuoi è possibile farlo salendo con la funivia e scendendo direttamente per le gallerie.

TIMBRI DEI RIFUGI E TRACCIA GPX

RIFUGIO LAGAZUOI

TRACCIA GPX

27) Rifugio Fonda Savio

Un facile itinerario tra i Cadini di Misurina. Con vista Cristallo e Croda Rossa si sale a questo bellissimo rifugio tra le guglie delle Dolomiti.

Il rifugio Fonda Savio.

SCHEDA TECNICA:

Partenza: **Misurina, vicino al lago d'Antorno, 1850 mt** Tipologia: **andata/ritorno** Dislivello: **500 D+** Lunghezza: **6 km a + r** Quota massima: **Rifugio Fonda Savio 2367 mt** Tempi: **1.5/2 h per la salita, 1 h per la discesa** Segnaletica: **ottima** Difficoltà: **medio-facile** Punti d'appoggio: **Rifugio Fonda Savio 2367 mt** Cime percorse: **nessuna** Segnavia: **115** Gruppo: **Cadini di Misurina** Cartografia: **Tabacco 1:25.000, foglio 03, Cortina d'Ampezzo e Dolomiti Ampezzane** Periodo consigliato: **estate** Adatto ai cani: **si** Presenza d'acqua: **no**

INTRODUZIONE:

Un itinerario molto interessante e non molto impegnativo da fare nella zona di Misurina è raggiungere il rifugio Fonda Savio, nel cuore dei Cadini di Misurina. Il dislivello positivo di 500 metri e la lunghezza di 3 km per la sola andata, fanno sì che in un'ora e mezza, massimo due, si riesce a raggiungere il rifugio abbastanza facilmente. Il punto forte di quest'itinerario è, senz'ombra di dubbio, il panorama. Mentre ci si inoltra all'interno del gruppo dei Cadini di Misurina si aprono appaganti vedute su imponenti gruppi dolomitici come il Cristallo, la Croda Rossa e le Tre Cime di Lavaredo. Infine, molto appagante è giungere al caratteristico e fotogenico rifugio Fonda Savio, protetto da una delle tante guglie dei Cadini di Misurina. Il sentiero che sale al rifugio Fonda Savio è un classico sentiero di montagna che sale sempre in maniera costante fino a giungere al rifugio. L'esposizione è poca e il sentiero

nella prima parte si sviluppa in mezzo al bosco, per poi continuare fuori dal bosco, superati i 2000 metri.

L'ESCURSIONE IN DETTAGLIO:

Per quest'itinerario bisogna raggiungere il paese di Misurina in Veneto. Da qui si sale lungo la strada che porta al rifugio Auronzo delle Tre Cime di Lavaredo e, prima di giungere al lago d'Antorno, sulla destra è presente un cartello grande, con scritto rifugio Fonda Savio, che indica il parcheggio (parcheggio gratuito). Consiglio di giungere al mattino presto, in quanto il parcheggio è piccolo e molto frequentato sia da chi sale al Fonda Savio, sia da chi sale al rifugio Auronzo per evitare il pedaggio salato. Lasciata l'auto si continua lungo la strada forestale del parcheggio, sentiero 115. Finita la strada sterrata si arriva ad una radura dove si trovano le indicazioni per il rifugio Fonda Savio. Ora il sentiero si fa più stretto e inizia a salire più decisamente in mezzo al bosco. Superati, più o meno, i 2000 metri si esce dal bosco e si aprono i panorami sulle vette dolomitiche. Ora si intravede in lontananza anche il rifugio Fonda Savio. Da qui si continua a salire costantemente e dopo diversi tornanti si giunge a 2367 metri dov'è ubicato il rifugio Fonda Savio. Per il ritorno si procede per la stessa strada effettuata all'andata.

TIMBRI DEI RIFUGI E TRACCIA GPX

RIFUGIO FONDA SAVIO

TRACCIA GPX

28) Rifugio Berti Comelico

Tra ruscelli e cascatelle si risale la val Grande per raggiungere il rifugio Berti al Popera, tra le Dolomiti del Comelico.

Il rifugio Berti.

SCHEDA TECNICA:

Partenza: **Parcheggio Val Grande 1250 mt** Tipologia: **andata/ritorno** Dislivello **700 D+ (400 D+ dal Lunelli)** Lunghezza: **12 km a+r (6 a+r dal Lunelli)** Quota massima: **Rifugio Berti al Popera 1950 mt** Tempi: **4.5 ore a + r** Segnaletica: **ottima** Difficoltà: **media** Punti d'appoggio: **Rifugio Lunelli 1568 mt, Rifugio Berti 1950 mt** Cime percorse: **nessuna** Segnavia: **171 – 101** Gruppo: **Dolomiti del Comelico, monte Popera** Cartografia: **Tabacco 1:25.000, foglio 10, Dolomiti di Sesto** Periodo consigliato: **estate** Adatto ai cani: **si** Presenza d'acqua: **Innumerevoli torrenti e cascatelle lungo il sentiero**

INTRODUZIONE:

Il percorso più famoso da fare in Comelico è sicuramente la salita al rifugio Berti al Popera dalla Val Grande a Padola. L'escursione è di media difficoltà, la lunghezza totale è di 12 km tra andata e ritorno con uno sviluppo di 700 metri di dislivello positivo. L'itinerario può essere diviso in due parti. La prima parte porta dal parcheggio della Val Grande, al rifugio Lunelli, che può essere evitata prendendo il servizio navetta dimezzando la lunghezza, il dislivello e la durata dell'escursione. Tra luglio e agosto è attivo il servizio navetta che dalle 9 del mattino blocca il traffico per salire in auto direttamente al rifugio Lunelli, per gli altri mesi dell'anno la strada è aperta. In questa prima parte è comunque presente un sentiero che sale in mezzo al bosco e in un'ora scarsa e 3 km abbondanti portano al rifugio Lunelli. La seconda parte invece, quella che dal rifugio Lunelli porta al rifugio Berti, è più ripida ma più panoramica e divertente da affrontare. Infatti, durante questo tratto, oltre ad avere uno splendido panorama nella vallata sottostante si intersecano innumerevoli torrenti che scendono dalle Dolomiti e che formano varie cascatelle e giochi d'Acqua. Infine, si giunge anche al rifugio Berti situato in una splendida posizione, accerchiato dalle imponenti mura dolomitiche formate dal monte Popera, la Croda Rossa di Sesto, cima Undici e altre vette delle Dolomiti di Sesto.

Prime indicazioni.

L'ESCURSIONE IN DETTAGLIO:

Per quest'escursione, se si giunge dal Cadore, raggiunto il paese di Padola in Comelico si continua verso il passo Monte Croce Comelico e, prima di raggiungerlo, si svolta alla deviazione per la Val Grande. Se si arriva invece da Sesto, in alta Pusteria, si supera il passo per poi scendere fino alla deviazione per la val Grande. Si continua lungo la strada asfaltata fino a parcheggiare nei pressi delle Terme di Valgrande a 1250 mt. In questo punto è possibile prendere il servizio navetta. Se si vuole fare tutta a piedi, una volta parcheggiato si continua lungo la strada asfaltata fino ad incontrare il bivio che in-

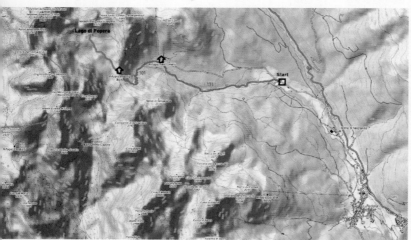

dica il sentiero che sale in mezzo al bosco, verso il rifugio Lunelli, segnavia 171. Questo primo tratto è un'ampia carrareccia che costeggia il torrente Risena. Man mano

che si sale il sentiero si fa più ripido e si inoltra nel fitto bosco fino a sbucare al rifugio Lunelli a 1568 metri, dopo un'ora circa. Da qui le indicazioni sono molto evidenti e si intravede anche il rifugio Berti, in alto tra le rocce. Si continua lungo il sentiero 101 che sale a zig-zag tra le Dolomiti notando e osservando le varie cascatelle che si vedono in lontananza. Salendo bisogna inoltre attraversare vari ruscelli e torrenti che tagliano il sentiero e che si superano con un po' d'accortezza. Dopo circa un'ora e mezza scarsa dal rifugio Lunelli si giunge anche al rifugio Berti al Popera a 1950 mt Per il ritorno si procede per la stessa strada effettuata all'andata.

Cascatelle lungo il sentiero.

VARIANTI:

Variante azzurra: Se si vuole aggiungere un'ulteriore tappa, dal rifugio Berti è possibile salire di un'altra mezz'ora per giungere al lago di Popera.

TIMBRI DEI RIFUGI E TRACCIA GPX

RIFUGIO LUNELLI

RIFUGIO BERTI

TRACCIA GPX

29) Rifugio Semenza cima Lasté

Trekking spettacolare in cengia che porta ad uno dei rifugi più importanti dell'Alpago. Si sale anche alla cima Lasté dove si può godere di un panorama unico dalla catena Col Nudo – Cavallo.

Il bivacco Lasté.

SCHEDA TECNICA:

Partenza: **Malga Pian Grant 1200 mt, Alpago** Tipologia: anello Dislivello: **1000 D+ (800 D+ fino al rifugio)** Lunghezza: **13 km** Quota massima: **Cima Lasté 2247 mt** Tempi: **5.5 ore per l'anello** Segnaletica: **buona** Difficoltà: **difficile** Punti d'appoggio: **Rifugio Semenza 2020 mt** Cime percorse: **Cima Lasté 2247 mt** Segnavia: **926 – 923 – 922** Gruppo: **Alpago** Cartografia: **Tabacco 1:25.000, foglio 12, Alpago, Cansiglio, Piancavallo, Valcellina** Periodo consigliato: **estate – autunno** Adatto ai cani: **si** Presenza d'acqua: **no**

INTRODUZIONE:

Il sentiero che sale al rifugio Semenza e al bivacco Lasté è la più classica escursione da fare in Alpago, lungo la catena Col Nudo Cavallo, nelle Prealpi Bellunesi. Al confine tra Veneto e Friuli-Venezia Giulia. L'escursione al rifugio Semenza in Alpago non è da sottovalutare. Compiendo un'escursione ad anello, con variante fino alla cima Lasté, è da considerarsi difficile. Il sentiero di salita è sempre molto ripido, 1000 mt di dislivello positivo senza mai mollare fino alla cima. Anche la sola salita al rifugio Semenza è comunque un'escursione abbastanza impegnativa, con 800 mt di dislivello e qualche

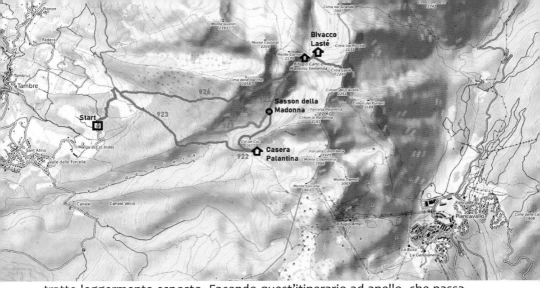

tratto leggermente esposto. Facendo quest'itinerario ad anello, che passa per casera Palantina, si percorrono in totale 13 km. Compiendo quest'anello, il sentiero di discesa, dopo un primo tratto molto ripido, si fa più pianeggiante, rendendo la discesa più rilassante. Il punto forte di questa escursione rimane comunque il paesaggio circostante e il panorama che si può ammirare lungo il sentiero. Nella salita, dopo una prima parte nel bosco, si esce attraverso un sentiero che corre lungo una cengia davvero entusiasmante. In un primo luogo si ha una bellissima vista sulla val Belluna, Col Visentin e lago di Santa Croce. Poi, raggirando la montagna, si può ammirare da vicino le vette dell'Alpago, percorrendo sempre questo sentiero, leggermente esposto, in un ambiente unico. In questo tratto bisogna fare leggermente attenzione, vista la forte esposizione. Il sentiero rimane comunque bello largo, facilmente superabile. Giunti al rifugio, subito dietro, si trova il bivacco Lasté. Classico bivacco in lamiera di montagna, tinto di rosso. Inserito in un bellissimo contesto verde e grigio, della natura della montagna, il rosso del bivacco crea armonia all'ambiente. Il massimo splendore, in termini di panorama, lo si ha dalla cima Lasté, una variante che vale sicuramente la pena di essere fatta. Dalla vetta

Il rifugio Semenza.

spazia una vista a 360 gradi. Dolomiti, fino al Pelmo, Antelao e Civetta, le Dolomiti Friulane, il lago di Barcis, la pianura friulana fino al golfo di Trieste, la piana del Cansiglio, la val Belluna con il Col Visentin fino al monte Cesen. Un panorama niente male. Infine, dopo aver superato la splendida vallata

Il sentiero in cengia.

dove si trova Casera Palantina, ci si inoltra in un fitto bosco di faggi, percorrendo un sentiero veramente piacevole.

L'ESCURSIONE IN DETTAGLIO:

Per raggiungere il rifugio Semenza e cima Lastè bisogna arrivare in Alpago. Provenendo da Treviso, si esce dall'autostrada a Fadalto – Lago di Santa Croce e si sale in Alpago. Subito prima del paese di Tambre, si svolta per le

malghe comunali e si sale fino a malga Pian Grant dov'è presente un ampio parcheggio a pagamento (3.50 € per tutto il giorno, 2022) Lasciata l'auto a 1200 mt si continua a salire a piedi lungo la strada asfaltata, chiusa al traffico, fino a raggiungere in soli 10 minuti malga Pian delle Lastre. Qui sono presenti le prime indicazioni per il rifugio Semenza. Si inizia ora a salire per strada ce-

mentata fino a giungere al bivio dei sentieri 926 e 923 che salgono al rifugio. Si svolta a sinistra prendendo il sentiero 926. Ora il sentiero inizia a salire ripidamente, inoltrandosi nel bosco dopo un primo tratto di alpeggio. Superata la prima ora, il bosco inizia a diradarsi e a fare spazio a larghe vedute. Il sentiero, nel frattempo, continua a salire bello ripido e l'esposizione nella vallata sottostante si fa sentire. Inizia ora il sentiero in cengia, e contornando la montagna si raggiunge un nuovo bivio con il sentiero 923 che si

Casera Palantina.

utilizzerà per scendere. Giunti a questo bivio il rifugio inizia a vedersi e dopo due ore abbondanti di salita si giunge ai 2020 mt dov'è ubicato il rifugio Semenza. Si continua ora a salire e si raggiunge subito forcella Lasté dov'è presente anche il rosso bivacco Lasté. Dalla forcella, sulla destra, si distingue bene la cima Lasté e seguendo il sentiero, sempre ripido e ben segnato da bollini biancorossi, si guadagna la cima a 2247 mt. Dalla vetta si torna indietro al rifugio Semenza per poi proseguire al bivio 923. Questa volta si prende il sentiero 923 che scende ripidamente sulla vallata sottostante. Dopo un primo tratto bello ripido il sentiero diminuisce la pendenza fino a raggiungere il Sasson de la Madonna. Tralasciano ora le indicazioni per malga Pian delle Lastre si continua per sentiero 922, che in falsopiano conduce a casera Palantina a 1521 mt. Attenzione ora che è facile sbagliare. Da casera Palantina bisogna svoltare decisi a U prendendo il sentiero che si inoltra nel bosco e che riporta al sentiero 923, da non confondere con il sentiero 922 che scende da un'altra parte. Ricongiunti al sentiero 923 si continua nel fitto bosco fino a ritrovare il primo bivio con il sentiero 926. Infine, per strada asfaltata si torna al punto iniziale dell'escursione.

All'interno del bosco di faggi.

TIMBRI DEI RIFUGI E TRACCIA GPX

RIFUGIO SEMENZA

TRACCIA GPX

30) Rifugio Caldenave val Campelle

Uno dei rifugi più belli del Lagorai, particolarmente affasciante in au-
tunno. Escursione ad anello che dal rifugio Carlettini si sale ai laghi
Nassere e val d'inferno, per poi tornare per il rifugio Caldenave.

Il rifugio Caldenave.

SCHEDA TECNICA:

Partenza: **Rifugio Carlettini 1368 mt** Tipologia: **anello** Dislivello: **850 D+** Lunghezza: **11 km** Quota massima: **lago Nassere 2064 mt** Tempi: **5 ore per l'anello** Segnaletica: **buona** Difficoltà: **medio-difficile** Punti d'appoggio: **rifugio Caldenave 1799 mt** Cime percorse: **nessuna** Segnavia: **L31 (sentiero dei Nomadi) – 360 – 332** Gruppo: **Lagorai** Cartografia: **Tabacco 1:25.000, foglio 58, Valsugana, Tesino, Lagorai, Cima d'Asta** Periodo consigliato: **estate – autunno** Adatto ai cani: **si** Presenza d'acqua: **fontanella a malga Nassere**

INTRODUZIONE:

Un itinerario davvero affascinante, tra le escursioni più belle da fare in Lagorai, è sicuramente l'anello che porta ai laghi Nassere e val d'Inferno, e al rifugio Caldenave, in val Campelle. L'escursione è medio-difficile, nonostante non sia particolarmente lunga, ha un dislivello positivo di 850 metri con tratti abbastanza ripidi e un po' scivolosi. Il periodo migliore da intraprendere quest'itinerario è fine primavera (fine giugno, inizio luglio), durante la fioritura dei rododendri, molto presenti lungo il sentiero, oppure durante il mese di ottobre, dove il foliage, qui, è davvero magico. L'elevata presenta di larici,

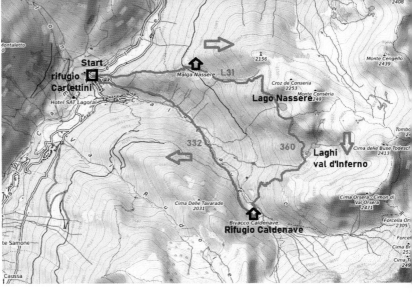

che in questo periodo si tingono di giallo arancio, contrastata dal verde degli abeti, creano un paesaggio davvero unico che si specchia nei due laghetti creando cornici perfette e paradisiache. Oltre a questo spettacolo della natura, durante l'itinerario è possibile ammirare anfiteatro della val Campelle circondata da granitiche cime tipiche del Lagorai. Infine, si percorre anche il sentiero L31, detto "sentiero dei Nomadi", dedicato alla scomparsa dei due musicisti, Augusto Daolio, fondatore e cantante dei Nomadi, e a Dante Pergreffi, bassista della band. Per concludere per giungere al rifugio Carlettini, punto di partenza, si passa in auto al rifugio Cruccolo, rifugio frequentato e conosciuto dove servono la bevanda tipica alla fiamma, il Parampampoli.

L'ESCURSIONE IN DETTAGLIO:

Dalla Valsugana si giunge all'abitato di Strigno e da qui si seguono le indicazioni per la Val Campelle, rifugio Crucolo. Si sale fino al Crucolo e si continua fino a giungere al rifugio Carlettini, dove si può parcheggiare a 1368 metri. Qui inizia il sentiero L31, il sentiero dei Nomadi, indicato da un tabellone in legno bello grande. Il sentiero sale abbastanza ripidamente nel fitto bosco di abeti fino a giungere a malga Nassere, a 1778 metri, dopo un'ora abbon-

Lago Nassere.

dante di cammino. Qui è presente una fontanella e il panorama si apre sulla val Campelle. Si continua a salire ripidamente per il canalone, che punta a cima Nassere circondato da Larici. Alla fine di questa ripida salita il sentiero svolta di netto a destra e raggiunge il lago Nassere per un tratto leggermente pianeggiante. Visto il lago di Nassere a 2064 metri si continua lungo il sentiero fino a giungere ad un

Lago Nassere.

bivio. Qui si tiene la destra, segnavia 360, seguendo le indicazioni per i laghi della val d'inferno. Si inizia ora a scendere ripidamente, passando anche per il bivacco Lastei, fino a giungere ai due piccoli laghetti val d'Inferno a 1950 metri. Si continua per il lungo sentiero che fa parte dell'altavia del granito fino a incrociare il torrente Rivo di Caserine. Lo si attraversa con un ponte e tenendo la sinistra si risale dolcemente al rifugio Caldenave, Claudio e Renzo, a 1799 mt. Ora si rientra scendendo per la val di Caldenave, percorrendo un ripido tratto sassoso per poi giungere a una carrareccia che conduce al rifugio Carlettini.

Laghi val d'Inferno.

VARIANTI:

Se si vogliono visitare questi luoghi ma con un itinerario più facile è possibile salire solamente al rifugio Caldenave evitando i due laghi in alta quota.

TIMBRI DEI RIFUGI E TRACCIA GPX

RIFUGIO CALDENAVE

TRACCIA GPX

DELLA STESSA COLLANA:

Alla scoperta
dei Rifugi delle
Dolomiti Vol. I

Alla scoperta
dei Rifugi delle
Dolomiti Vol. II

Alla scoperta
dei Rifugi della
val di Fassa.

Alla scoperta
Delle Prealpi
Venete Vol. I

Alla scoperta
dei sentieri del
monte Grappa

Alla scoperta
dei Rifugi delle Pale
di San Martino

DELLA STESSO AUTORE:

Dolomiti Facili

**Passaporto
dell'escursionista**

Printed by Amazon Italia Logistica S.r.l.
Torrazza Piemonte (TO), Italy

50341663R00060